Die Autoren dieses Buches verbindet seit über 30 Jahren die Leidenschaft für die Eisenbahn. Zunächst waren sie dabei Lehrer und Schüler, später dann zusammen Vorstandsmitglieder des Vereins Eisenbahnfreunde OnWheels e. V., der nostalgische Sonderzüge und Gruppenreisen organisiert und sich für den Erhalt des Dorstener Bahnhofs als „Bürgerbahnhof" einsetzt.

Gemeinsam veröffentlichten sie in der Reihe „Sutton Zeitreise" bereits die sechs Bücher „Die Marschbahn – Auf Kursbuchstrecke 130 unterwegs zwischen Altona und Sylt" (2017), „Die Eisenbahn zwischen Ruhrgebiet und Münsterland – Oberhausen–Dorsten–Coesfeld–Rheine" (2018), „Das Eisenbahndreieck Essen, Bochum, Wanne-Eickel – Im Dienst für Kumpels, Kohle und Stahl" (2019), „Ruhrgebiet – 55 Highlights aus der Bahngeschichte – Wie Schienenwege das Revier bis heute prägen" (2019), „Niederrhein – 50 Highlights aus der Bahngeschichte – Fahrzeuge · Strecken · Bahnhöfe" (2020) und „Schienenverkehr an Mosel und Saar – Zwischen Dampfabschied und Halbstundentakt – Eisenbahngeschichte von 1960 bis heute" (2021).

Beiden hat es die Eisenbahn seit früher Kindheit angetan. Während Manfred Diekenbrock in den 1960er-Jahren die Dampflokomotiven im Ruhrgebiet faszinierten, haben es Daniel Michalsky besonders die Dieselloks auf nicht elektrifizierten Strecken – wie etwa der Marschbahn – angetan.

Manfred Diekenbrock wurde 1950 in Oberhausen-Sterkrade geboren, lehrte bis zu seiner Pensionierung im Jahr 2016 an einem Bochumer Gymnasium und ist heute freischaffend als Bildungsreferent tätig. Er lebt in Dorsten-Wulfen an der Schnittstelle von Ruhrgebiet und Münsterland.

Daniel Michalsky wurde 1980 in Hattingen (Ruhr) geboren, verbrachte seine Kindheit in Bochum und lebt heute am linken Niederrhein in Krefeld. Der studierte Jurist ist verheiratet, hat vier Söhne und ist als Personaljurist / Personalreferent für Sonderthemen bei einer großen gesetzlichen Krankenkasse tätig.

Die Marschbahn

Die verkehrsrote 218 830 der DB Fernverkehr AG und die von der Firma Railsystems RP GmbH angemietete 218 381 in ozeanblau-elfenbeinfarbener Retro-Lackierung sind am 30. Mai 2021 mit ihrem IC 2072 „Uthlande“ bei Lunden unterwegs.

Manfred Diekenbrock und Daniel Michalsky

Die Marschbahn

Der Schienenweg zwischen Elmshorn und Westerland im Wandel

SUTTON

Am 15. Juli 2017 passiert ein Sonderzug von Nostalgie-Zug-Reisen auf seinem Weg von Westerland nach Hamburg das alte Stellwerk in Hemmingstedt, das seit April 2011 mit Inbetriebnahme des elektronischen Stellwerks (ESTW) arbeitslos geworden ist.

Einband vorne: 218 831 von Railsystems RP und eine Schwestermaschine der Deutschen Bahn AG erreichen mit ihrem Sylt Shuttle bei Kilometer 226 der 237 Kilometer langen Marschbahn-Strecke am 7. August 2021 das östliche Ende der Insel Sylt – die sogenannte Nösse.
Vorsatz: Wie ein blaues Band wirkt der Autozug Sylt vom privaten Eisenbahnverkehrsunternehmen Railroad Development Corporation (RDC) in der flachen Landschaft. Die moderne Diesellok 247 908 mit dem Namen „Debbie" – hier noch in neutraler Siemens-Lackierung – hat am 30. Juni 2018 dessen Bespannung übernommen.
Nachsatz: Die Diesellok 861 002 der Firma Hector Rail GmbH lässt ihre „Muskeln" spielen und zieht am 16. Juli 2020 den Alpen-Sylt-Nachtexpress von Westerland gen Süden. Die Strecke führt entlang der markanten Pipeline zur Raffinerie Hemmingstedt.
Einband hinten: Die blaue Diesellok 218 056 der Eisenbahn-Bau- und Betriebsgesellschaft Pressnitztalbahn mbH (PRESS), ex 218 454 der Deutschen Bahn AG, passiert am Abend des 24. Juli 2021 mit dem Saisonzug IC 2180 von München nach Westerland das nördliche Einfahrsignal von Klanxbüll.

Impressum
Sutton Verlag GmbH
Schweickhardtstraße 1
72072 Tübingen
www.suttonverlag.de

2. Auflage 2024
ISBN: 978-3-96303-384-1
Druck: Elma Basim / Türkiye
Gestaltung und Herstellung: Sutton Verlag

Inhalt

Am 6. Juni 2016 muss eine Diesellok ausreichen, um die neun IC-Wagen von Westerland nach Itzehoe zu befördern, wo der Lokwechsel auf eine Ellok der Baureihe 101 erfolgen wird. Der Zug verlässt soeben den Hindenburgdamm. Der Hindenburgdamm selbst ist für Fußgänger und Radfahrer gesperrt. Immer wieder kommt es zu Einsätzen der Bundespolizei, weil insbesondere Fotografen das Verbot ignorieren.

Seit dem 18. August 2021 ist 251 007 (ex Hector Rail 861.004) unter der Bezeichnung „DE 2700-07“ bzw. „RDC 07“ (Spitzname „Cindy“) für die RDC Asset GmbH (RAG), einer Tochter der RDC-Gruppe, im Einsatz. Die Lok trägt bereits ihr neues Farbkleid und ist am 16. April 2022 für die Beförderung des Autozugs eingeteilt.

Vorwort

Liebe Eisenbahnfreunde, Einheimische und Urlauber,

einiges hat sich getan, seitdem unser Buch „Die Marschbahn – Auf Kursbuchstrecke 130 unterwegs zwischen Altona und Sylt“ im August 2017 in die Läden gekommen ist. Die Auflage ist mittlerweile vergriffen und gibt uns Anlass, ein neues Buch über diese interessante Strecke zu schreiben. Streckenmodernisierung, der Einsatz neuer Fahrzeuge sowie der geplante zweigleisige Ausbau der Strecke mit anschließender Elektrifizierung sind unsere Themen. Darüber hinaus erzählen wir die spannende Geschichte der Marschbahn, schauen uns ihre einzelnen Etappen an, werfen einen Blick auf Nebenstrecken und widmen uns den vielfältigen und bunten Personen-, Auto- und Güterzügen, die auf der Strecke unterwegs sind. Auch ein kurzer Exkurs zum Mythos „Sylter Inselbahn“ darf in unserem Buch nicht fehlen.

Aus rund 6.000 Bildern haben wir die schönsten herausgesucht und freuen uns, dass wir Ihnen eine vielseitige Auswahl mit hochwertigen und besonderen Motiven zur Verfügung stellen können. Dabei war es unser Anspruch, nahezu alle Bilder im Vergleich zur Erstauflage auszutauschen und nur solche erneut zu zeigen, die uns unverzichtbar erschienen. Unser Dank gilt dabei den zahlreichen Bildautoren, die uns unterstützt und unsere eigene Auswahl komplettiert haben. Zudem sind wir den Herren Sascha Buckow, Andreas Melchert, Sven-Oliver Müller, Claus Wilhelm Tiedemann und Paul Zimmer zu Dank verpflichtet, die uns mit ihrer jeweiligen Expertise zur Seite standen. Darüber hinaus möchten wir die sehr angenehme und professionelle Zusammenarbeit mit Saskia Parakenings, Thomas Konze und Korbinian Fleischer vom Sutton Verlag besonders herausstellen.

Das Autorenteam Manfred Diekenbrock und Daniel Michalsky lebt zwar nicht im „schönen Norden“, hat aber zahlreiche Urlaube auf Sylt oder entlang der Marschbahn verbracht und ist daher seit über 25 Jahren mit der Strecke verbunden. So enthält dieses Buch auch sehr viele persönliche Eindrücke, die wir durch ein „wir“ bzw. unsere Namen Manfred und Daniel verdeutlichen.

Wir wünschen Ihnen viel Freude beim Lesen unseres Buches.

Manfred Diekenbrock und Daniel Michalsky

Einleitung

Wer von der „Marschbahn“ spricht, meint nicht etwa eine Strecke, auf der Soldaten marschieren. Nein, es handelt sich vielmehr um eine der bekanntesten Eisenbahnstrecken zur nördlichsten und Lieblingsinsel der Deutschen: Sylt. Das Wort „Marsch“ ist Begriff für die Landschaft, durch welche die Strecke führt. Als „Marsch“ bezeichnet man dabei das holozäne Schwemmland der nordwestdeutschen Küsten und Flüsse – einen generell flachen Landstrich ohne natürliche Erhebungen, der aus dem Wattenmeer heraus entstanden ist. Im Gegensatz dazu steht die „Geest“. Dieser Landschaftstyp entstand durch Sandablagerungen während der Eiszeit und stellt von Natur aus einen Höhenzug dar. Einige Abschnitte der Marschbahn verlaufen auch durch die „Geest“. Richtigerweise müsste die Strecke eigentlich „Marschgeestbahn“ heißen, aber das klingt zugegebenermaßen nicht besonders schön.

Wer an Sylt denkt, denkt auch an Urlaub, endlose Strände, grasbewachsene Dünen, Reetdach-Häuser und die High Society. Und wenn es auch spöttisch gemeint war: „Ich will zurück nach Westerland“ von den „Ärzten“ wurde zur Hymne. Der Hype um Sylt, der gerade in den letzten Jahren etwa durch Kultstätten wie Sansibar, Gosch oder Kupferkanne immer größere Ausmaße angenommen hat, ist neben der einzigartigen Landschaft entlang des Nationalparks Deutsches Wattenmeer und dem vielfältigen Betrieb auf der Strecke ein bedeutsamer Grund für immer größer werdende Anhängerschaft der Marschbahn.

Die 237 Kilometer lange Strecke wird im Fahrplan der Deutschen Bahn AG unter der Kursbuchstrecke (KBS) 130 verzeichnet. Genau genommen beginnt die Marschbahn aber nicht, wie im Fahrplan ausgewiesen, schon in Hamburg, sondern erst in Elmshorn, wo sie von der Altona-Kieler-Hauptstrecke, der KBS 103, abzweigt. Der Fahrdraht für den elektrischen Betrieb reicht bis Itzehoe. Dort wird im Fernverkehr von Ellok auf Diesellok gewechselt. Bis zum Fahrplanwechsel Ende September 1972 gab es noch Dampflokeinsätze auf der Marschbahn. Jahrzehntelang hatten dort Schnellzugloks der Baureihe 03 und preußische S 10 und P 8 hochwertige Reisezüge befördert, bevor ölgefeuerte Dreizylinder-Maschinen der Baureihe 01.10 von Hamburg-Altona aus noch einmal Spitzenleistungen vor schweren Zügen erbringen mussten.

Für Eisenbahnfreunde – und besonders für die Fans der zeitlos eleganten Diesellokomotiven der Baureihe 218 – steht die Marschbahn jedenfalls vorerst für hochattraktiven Bahnbetrieb ohne Oberleitungsmasten und Fahrdrähte. Harmonisch eingefügt in eine flache und vielfach baumlose Landschaft, führt die Strecke gen Norden und ermöglicht großartige Fotoperspektiven.

1

Geschichte der Marschbahn und Mythos Sylter Inselbahn

Heute verstehen wir unter der Marschbahn die Eisenbahnstrecke, die in Elmshorn von der Hauptstrecke Hamburg–Kiel abzweigt und bis nach Westerland auf Sylt führt. Das war nicht immer so, denn bis zur Eröffnung des Hindenburgdamms 1927 war offizieller Endpunkt der Strecke das kleine Örtchen Tondern, das heute in Dänemark liegt und Tønder heißt. Nachdem man die Grenze im Jahr 1920 nach Süden auf ihren heutigen Verlauf verschoben hatte, mussten Reisende auf ihrem Weg nach Sylt sogar zweimal die Grenze überqueren, bevor sie von Hoyer Schleuse aus mit dem Schiff nach Munkmarsch auf Sylt übersetzen konnten. Von dort ging es mit der Inselbahn weiter. Im nachfolgenden Kapitel erzählen wir die spannende Geschichte der Marschbahn und befassen uns mit aktuellen Entwicklungen und Zukunftsplänen. Auch die Sylter Inselbahn, die sich immer mehr Menschen zurückwünschen, kommt nicht zu kurz.

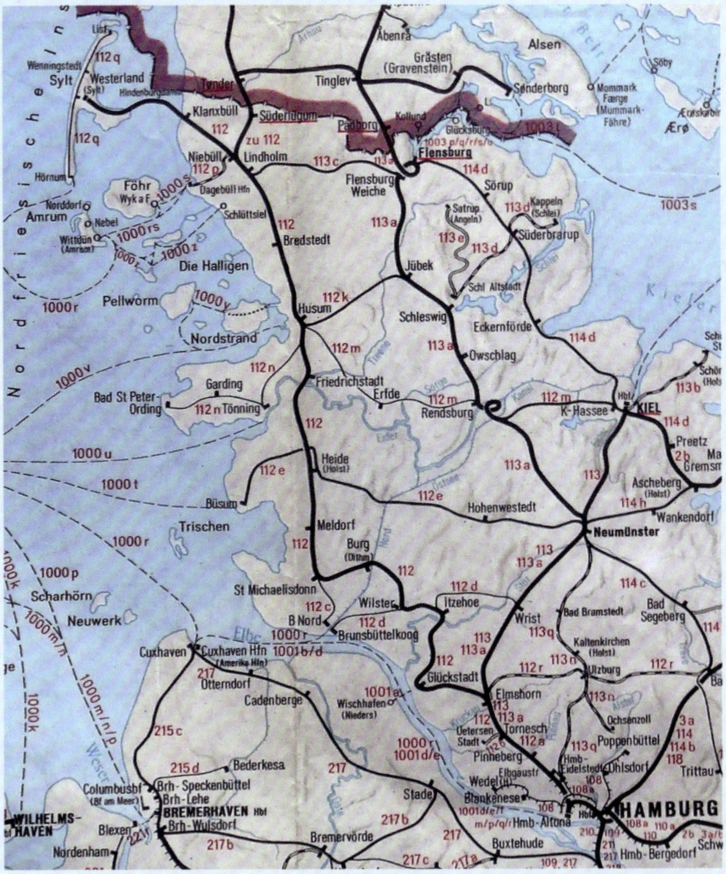

Übersichtskarte aus dem amtlichen Kursbuch der Deutschen Bundesbahn aus dem Jahr 1967. Die Strecke der Marschbahn sowie die von ihr abzweigenden Nebenstrecken können hier sehr schön nachvollzogen werden.

Alte Seewege und ursprünglicher Streckenverlauf

Wie haben wir uns eigentlich die Verkehrswege im Land zwischen Nord- und Ostsee vorzustellen, bevor das Dampfross auch bis hier vordrang? Der Stecknitzkanal, der Elbe-Trave-Kanal und der Eiderkanal waren West-Ost-Verbindungen. Hinzu kamen Flüsse und natürlich die Meere als Verkehrswege. Doch alles andere geschah langsam, mühselig und sehr vom Wetter abhängig auf schlecht ausgebauten Wegen mit Pferdefuhrwerken. Nur wenige können sich heute noch vorstellen, wie beschwerlich der Weg durch das Wattenmeer nach Sylt einst gewesen ist. Reisende mussten über Niebüll und Tondern nach Hoyer Schleuse (dänisch seit 1920: Højer Sluse) fahren, um dort in ein Schiff umzusteigen, das die Insel erst Stunden später erreichte.

Als Westerland im Jahr 1855 zum Seebad ausgerufen wurde, fragte man sich, wie es überhaupt zu erreichen war. Von 1859 an konnte man per Schiff von Husum über Föhr bis nach Munkmarsch fahren. Diese Verbindung, die ohnehin nur in der Sommersaison bestand, war jedoch aufgrund einer zwingenden Übernachtung auf Föhr wenig attraktiv. Von Hoyer Schleuse aus, das man seinerzeit nur mit Pferdefuhrwerken erreichen konnte, ging es deutlich schneller in etwa drei Stunden nach Munkmarsch. Die Weiterreise erfolgte zunächst recht beschwerlich in Kutschen bis zum Hauptort Westerland. Seit 1888 war der Weg dann deutlich bequemer und schneller mit der Inselbahn zu bewältigen.

Ein weiterer Seeweg führte seit 1901 von den Landungsbrücken im hamburgischen St. Pauli über die Insel Helgoland – der die Verfasser ebenfalls ein Buch gewidmet haben – nach Hörnum, wo extra ein 153 Meter langer Anleger ins Meer gebaut wurde. Dies war auch der Grund für den Bau einer weiteren Inselbahn, der sogenannten Südbahn, die von 1901 an Fahrgäste von Hörnum nach Westerland beförderte. Die komfortable Überfahrt in Schiffen mit Restaurant, Rauchersalon, Bibliothek und Frisörsalon dauerte allerdings anfänglich rund neun Stunden.

Alle Schiffsverbindungen zur und von der Insel waren abhängig von Winden, Gezeiten und Strömungen. Diese Umstände führten zu einem unregelmäßigen und vor allem wetter- und gezeitenabhängigen Fahrplan. In manchen Wintern fuhren teilweise wochenlang keine Schiffe, und Sylt war von der Außenwelt abgeschnitten. Nach Bau und Inbetriebnahme der Eisenbahnverbindung über den Hindenburgdamm am 1. Juni 1927 unter Anwesenheit von Reichspräsident Paul von Hindenburg wurden die Schiffsverbindungen aufgegeben, da eine wirtschaftliche Fortführung nicht mehr zweckmäßig gewesen wäre.

Was den Bau der Marschbahn angeht, kam die Eisenbahn aus politischen Gründen in Schleswig-Holstein nur langsam voran, denn erst 1864 war durch den Friedensschluss in Wien der Weg frei für überregionale deutsch-dänische Eisenbahnprojekte. Zwar dampfte es seit 1844 zwischen der damals noch bedeutenden Hafenstadt Tönning und Schleswig, sodass Husum auch schon Bahnstation war, doch von einer Verbindung zwischen Hamburg und Sylt durch wirtschaftlich wenig entwickeltes Marschland konnte man nur träumen. Neun Jahre nachdem Schleswig-Holstein preußische Provinz geworden war, lebten die Pläne zum Bau der Marschbahn wieder auf. Doch erst 1887 konnte die Strecke bis zur dänischen Grenze in Betrieb genommen werden und allmählich Bedeutung für die regionale Wirtschaft und vor allem den Tourismus gewinnen.

Das seinerzeit noch eigenständige Altona erhielt erst im Jahr 1842 und nach viel Gezänk eine Konzession zum Bau von Eisenbahnstrecken. Drei Jahre später konnte die Strecke Elmshorn–Glückstadt von der Glückstadt-Elmshorner Eisenbahn-Gesellschaft (GEEG) in Betrieb genommen werden. Sie gilt als Keimzelle der Querbahnen.

Im Norden wurde 1854 die Südschleswigsche Eisenbahn von Flensburg über Husum nach Tönning eröffnet. Aber die mit ihr verbundenen Hoffnungen auf wirtschaftlichen Aufschwung erfüllten sich nicht. Im Sommer 1856 erhielt die GEEG die Konzession zum Bau der Strecke Glückstadt–Itzehoe, auf der der Betrieb am 6. August 1857 aufgenommen werden konnte. Das lokale Verkehrsaufkommen war allerdings zu gering, um die Strecken profitabel werden zu lassen. Dafür wären Transitleistungen notwendig gewesen. Aufstrebende Städte wie Heide hatten deshalb ein starkes Interesse an durchgehenden Verbindungen. Doch man musste einige Jahre warten, ehe der Bahnbau wieder ins Rollen kam. Voraussetzung dafür waren auch politische Veränderungen wie die Zugehörigkeit Schleswig-Holsteins zum preußischen Staat 1876.

Abenteuerlich war die Fahrt nach Norden von Heide über Tönning nach Husum. Denn dazwischen lag die Eider. Zwischen 1878 und 1887 musste man also mit dem Zug über Karolinenkoog und dann per Fähre nach Tönning fahren, um dort wieder auf die Bahn bis Husum umsteigen zu können. Von dort war eine Weiterfahrt nach Flensburg möglich. Aber noch längst nicht in Richtung Sylt!

Schon 1886 war es mit dem Weiterbau der Marschbahnstrecke vorangegangen. Der sehenswerte Bahnhof Lunden wurde eröffnet und die Eiderbrücke bei Friedrichstadt erbaut. Damit war nun ein Anschluss nach Husum an die Tönninger Bahn gegeben. Bereits ein Jahr später konnten Bredstedt und Niebüll erreicht werden. Damit gab es nun auch an der Westküste eine durchgehende Verbindung nach Dänemark. Nach dem Sieg Preußens über Dänemark bekam Hoyer Schleuse von Tondern aus im Jahr 1892 einen Bahnanschluss, was die Reisezeit noch weiter verkürzte.

An eine direktere Verbindung, gar einen Damm, war wirklich noch nicht zu denken! Dafür mussten noch 35 Jahre ins Land gehen. Doch die Strecke gewann nun an Bedeutung. Die Industrialisierung hatte auch die Marschen erreicht, landwirtschaftliche Produkte gelangten schneller nach Hamburg, von wo auf der anderen Seite erste Spuren des Tourismus und moderne Technik die Provinz erreichten. Zusätzlich wurde Niebüll zum Bahnknoten ausgebaut und erhielt 1889 einen weiteren Anschluss nach Flensburg. Im selben Jahr konnte auch die 89 Kilometer lange Strecke von Itzehoe nach Heide in Betrieb genommen werden, die vom preußischen Staat mitfinanziert wurde.

1888 wurde die Strecke von Elmshorn bis Hvidding (dänisch: Hviding), wo seinerzeit noch die ursprüngliche Staatsgrenze verlief, von der Schleswig-Holsteinischen Marschbahn-Gesellschaft eröffnet, die aus der GEEG hervorgegangen war. Dazu mussten Brücken über die Stör, Eider und Husumer Au gebaut werden. Es entstanden außerdem zahlreiche Anschlüsse zu Häfen und Verladestationen.

Am 1. Juli 1890 wurde die Marschbahn verstaatlicht, um die vielen kleinen Eisenbahngesellschaften zu einer einheitlichen Reichsbahn-Gesellschaft zusammenzufassen und den

Besondere Lokomotiven hat es auf der Marschbahn immer schon gegeben. Hier sehen wir einen sechsachsigen Prototypen mit der Bezeichnung 230 001 am 27. Juni 1972 vor einem Personenzug in Heide. Die Maschine wurde dem Bw Hamburg-Altona im August 1970 zugeordnet und beförderte täglich Schnellzüge zwischen Hamburg und Westerland.

Anforderungen von Staat und Wirtschaft Rechnung tragen zu können. Die Preußischen Staatseisenbahnen übernahmen fortan den Betrieb.

Die alte Strecke der Marschbahn hatte 1893 südlich des Kanals eine Zweigstrecke von St. Margarethen bis Brunsbüttelkoog, heute Brunsbüttel, erhalten, mit der sie ab Wilster zusammengelegt wurde. Auf der Nordseite wurde sie von Blangemoor-Lehe nach Brunsbüttel Nord umgebaut. Abgetragen wurde nur der Abschnitt vom Bahnhof Landscheide bis Blangenmoor (heute Ortsteil von Brunsbüttel). Außerdem wurde ein Teil der Nordstrecke zusammen mit der 1881 fertiggestellten Nebenstrecke St. Michaelisdonn–Marne–Friedrichskoog getrennt betrieben. Diese wurde zunächst nur für den Güterverkehr, speziell für den Transport von Zuckerrüben, gebaut und erst später für den Personenverkehr freigegeben.

Im Rahmen einer sehr umstrittenen Volksabstimmung verschob man die deutsch-dänische Grenze im Jahr 1920 nach Süden auf ihren aktuellen Verlauf zwischen Niebüll und Tondern. Dies war nicht unbedingt vorteilhaft für Sylt, das nun auf direktem Wege ohne Grenzübertritte nicht mehr erreichbar war. Zwar erleichterten die dänischen Behörden den Warenverkehr, und eine Zollkontrolle war nicht notwendig, da man Transitzüge zuließ, die Waggons plombierte und das Umsteigen streng bewachte. Trotzdem war das Reisen insgesamt beschwerlicher geworden. Ein Grund mehr, über einen Ausbau der Bahnstrecke in Richtung Sylt nachzudenken.

Am 6. Juli 1985 ist die Diesellok 212 026 für die Bespannung des Eilzugs 3285 zuständig. Der aus zwei „Silberlingen" inklusive eines Steuerwagens mit „Karlsruher Kopf" bestehende Wendezug steht in Heide und verkehrt auf der Nebenstrecke Büsum–Neumünster.

Die Vorseriendiesellok 216 009 war am 7. Juli 1972 in Husum im Einsatz. Ihren Spitznamen „Lollo" erhielt sie durch ihre rundlichen Fronten, die das männliche Publikum mit den weiblichen Rundungen des seinerzeitigen Filmstars Gina Lollobrigida in Verbindung brachte.

Dammbau und aktueller Streckenverlauf

Erste Ideen zum Dammbau gab es bereits zu Beginn des 20. Jahrhunderts. Vorarbeiten begannen im Jahr 1914, wurden aber durch den Beginn des Ersten Weltkrieges wieder in Gänze zunichte gemacht. Zum 1. April 1920 erfolgte der Zusammenschluss der ehemaligen Länderbahnen zu den Deutschen Reichsbahnen, woraus sich 1924 die Deutsche Reichsbahn-Gesellschaft (DRG) ableitete. Aufgrund der schlechten finanziellen Situation konnten zunächst keine Investitionen getätigt werden, lediglich bereits begonnene Bauprojekte, wie etwa die Errichtung der Hochbrücke Hochdonn, konnten abgeschlossen werden.

Am 9. Oktober 1922 wurde das Gleis von Niebüll nach Klanxbüll fertiggestellt, um Materialien für den Bau des Hindenburgdamms anfahren zu können. Das Reichsbahn-Ministerium hatte die Aufsicht über den Bau des Hindenburgdamms, der durch Mittel der Deutschen Reichsbahn und des Landes Preußen finanziert wurde. Leider zerstörte eine Sturmflut die viermonatigen Arbeiten von 1923, sodass im Frühjahr 1924 etwas weiter nördlich abermals ein neuer Versuch gestartet werden musste. Spundwände, Pfahlreihen und Granitsteine bildeten das Fundament für die Einbringung von trockenem Kleiboden vom Festland. Ein Sand-Wasser-Gemisch trug dazu bei, dass das Bauwerk weiterwuchs. Schwere Granit- und Basaltsteine sollten den Damm gegen das tobende Meer schützen, was auch gut gelang. 1925 baute man – damit es schneller ging – auch von der Syltseite aus, wobei Schiffe Materialien aus Husum auf die Insel brachten. Was für einen gigantischen Aufwand es erforderte, einen Damm durch das Wattenmeer zu bauen, sollen einige Zahlen belegen: Mehr als 1.000 Arbeiter bewegten ab 1923 über drei Millionen Kubikmeter Sand und Klei. Weit über 100.000 Felsbrocken wurden benötigt, um elf Kilometer Damm mit einer Höhe von acht Metern bei einer Breite von etwa 50 Metern im unteren Bereich und elf Metern auf der Dammhöhe zu errichten.

Bereits am 15. September 1925 war die Verbindung geschlossen, vier Tage später überquerte der erste Arbeiterzug auf Feldbahngleisen den Damm. Es sollte noch fast zwei Jahre dauern, ehe er endgültig befestigt und die Eisenbahntrasse verlegt worden war. Am 1. Juni 1927 war es dann so weit: Der Hindenburgdamm wurde feierlich eröffnet. Im Eröffnungszug, der von einer preußischen S 10 (Reichsbahn-Baureihe 17) des Betriebswerks Altona gezogen wurde, saßen der Namenspatron, der frühere Generalfeldmarschall und Reichspräsident Hindenburg, sowie der Generaldirektor der DRG Dorpmüller. Etwa sechs Reisezüge liefen nun täglich die Insel an.

Mit dem Bau des Hindenburgdamms begann eine neue Zeit. Nun erhielt Westerland einen neuen Bahnhof. Und auch die Inselbahn wurde mit einem kleinen Empfangsgebäude vor dem Bahnhof der Reichsbahn bedacht. Es entstanden ganz neue Zugläufe, die wir auch heute noch kennen. Von Hamburg kommende Reisezüge fuhren nun nicht mehr nach Dänemark, sondern endeten in Westerland. Die eingleisige Strecke Niebüll–Tondern wurde zur Nebenbahn herabgestuft. Die Züge der Strecke Flensburg–Niebüll fuhren nun nach Süderlügum.

Anfang der 1930er-Jahre begann mangels Straßenverbindung der Autozugverkehr zunächst zwischen Klanxbüll und Morsum, später dann zwischen Niebüll und Westerland. Nach dem Zweiten Weltkrieg vereinfachten die Briten den Autozugverkehr, indem sie RS-Wagen einsetzten, auf denen die Autos lediglich mit eingelegtem Gang und angezogener Handbremse transportiert werden konnten und nicht aufwendig vertäut werden mussten, sodass Reisende von nun an während der Überfahrt in ihren Autos verbleiben konnten. Durch diese vereinfachende Maßnahme stieg der Autozugverkehr sprunghaft von 1.875 Autos im Sommer 1948 auf ungefähr 14.000 Fahrzeuge im Sommer 1950 an. Jedoch konnten sich in der Wirtschaftswunderzeit nur Vermögende die teure Überfahrt mit dem Auto leisten. Im Jahr 1958 kosteten PKW bis 1.000 Kilogramm 19,80 DM, für 100 weitere Kilogramm wurde ein Zuschlag von 1,90 DM fällig. Zusätzlich musste jeder Fahrgast zahlen – 3,00 DM für Erwachsene sowie 1,50 DM für Kinder und Hunde. Im Juni 1951 nahm man neue Seitenrampen für ein schnelles Be- und Entladen in Betrieb. Das Rangieren in den Verladeanlagen erledigten Dieselloks der Baureihe V 20 in Niebüll und Husumer Dampfloks der Baureihe 91 in Westerland.

In den 1950er-Jahren erlebte auch der Tourismus unter dem Einfluss des Wirtschaftswunders einen enormen Aufschwung. Doch auch die Motorisierung wurde sehr schnell auf der Insel spürbar. Diesmal kam sie sogar dem Bahnverkehr zugute, denn es führte immer noch keine Straße auf die Insel. So kam es, dass Mitte der 1950er-Jahre gut und gerne 20.000 Autos pro Jahr auf Züge verladen wurden.

Am 27. Mai 1960 kamen erste doppelstöckige Autotransportwagen zum Einsatz. Im selben Jahr wurden die Kreuzungsgleise von Klanxbüll und Morsum von 400 auf 650 Meter verlängert, um insbesondere längeren Autozügen eine zusätzliche Ausweichmöglichkeit zu bieten. Ein Jahr später baute man auch das Ausweichgleis in Keitum auf eine Länge von 630 Metern aus. Die längeren Gleise wurden ab 1964 dringend benötigt, da seitdem neue neunteilige „Westerland-Einheiten" des Typs „Laees 549" im Einsatz standen, die für die speziellen Anforderungen des Verkehrs über den Damm im Betriebswerk Husum umgebaut worden waren. Zudem hatten die heutigen Verlade- und Endbahnhöfe neue Doppelstockanlagen erhalten, die die ursprünglichen Kopframpen ersetzten, die seinerzeit eigentlich für die Viehverladung bestimmt gewesen waren. Vor den Autozügen kamen Dampfloks der Baureihen 38.10 und 50 des Betriebswerks Husum zum Einsatz. Später erbrachten Dieselloks der Reihen V 100, V 160 und V 200 die entsprechenden Leistungen. Der Autozugverkehr explodierte: 1970 wurden 261.000 Fahrzeuge transportiert, 1980 waren es schon 533.000 und 1986 sogar 641.000. In den Jahren 2018/19 hatte man etliche Ausweichgleise nochmals verlängert.

Nachdem die Strecke Niebüll–Westerland im Mai 1961 zu einer eingleisigen Hauptbahn ausgebaut worden war, konnte durchgehend mit 100 km/h gefahren werden. Die Anzahl der zulässigen Achsen stieg von 60 auf 100, die maximale Zuglänge auf 625 Meter. 1968 wurde zum ersten Mal die kombinierte Beförderung von Personen und Autos in einem Personenzug angeboten. Das Eilzugpaar E 1775/1774 verband Hamburg-Altona mit Westerland und benötigte knapp vier Stunden für die Strecke. Nach einigen Beschwerden wegen der langen Fahrzeit hing man die Autotransportwagen ein Jahr später an diverse D-Züge – etwa den D 139 – an, der lediglich zweieinhalb Stunden für den Weg benötigte. Vom 1969 bis 1973 erfolgte der zweigleisige Ausbau. Auch die Strömungen innerhalb der Nordsee änderten sich mit dem Damm, sodass sich auf der Festlandseite Sedimente ablagerten und neues Land entstand. Neue Tierarten wie Dachse und Rotfüchse wanderten über den Damm ein und wurden auf Sylt heimisch.

Planmäßig befördern zwei Dieselloks der Baureihe 218 die Intercity-Züge zwischen Itzehoe und Westerland. Jedoch kommt es vor, dass sich zu überführende Loks aufgrund der knappen Verfügbarkeit von freien Trassen in den Zugverband mit einreihen. Hier sehen wir 218 321, 835 und 380 am 9. August 2020 vor dem IC 2072 von Berlin nach Sylt. Bei den Loks der Gattung 218.8, wie hier 218 835, handelt es sich eigentlich um Abschlepploks für ICE-Züge.

Stellwerktechnik entlang der Marschbahn:

Streckenkilometer	Bahnhof	Technik
31	Elmshorn	ESTW (H/V-Signale)
47	Glückstadt	Relais (H/V-Signale)
65	Itzehoe	ESTW (H/V-Signale)
74	Wilster	zu Itzehoe (H/V-Signale)
86	Üst Hochdonn	zu Itzehoe (Ks-Signale)
101	St. Michaelisdonn	zu Itzehoe (Ks-Signale)
112	Meldorf	zu Itzehoe (Ks-Signale)
120	Hemmingstedt	zu Itzehoe (Ks-Signale)
125	Heide	zu Itzehoe (Ks-Signale)
145	Üst Eiderbrücke	Relais (H/V-Signale)
153	Abzw Hörn	zu Husum (H/V-Signale)
158	Husum	ESTW (H/V-Signale)
166	Üst Hattstedt	zu Husum (Ks-Signale)
177	Bredstedt	zu Husum (Ks-Signale)
184	Langenhorn	mechanisch
190	Stedesand	mechanisch
194	Lindholm	mechanisch
198	Niebüll	mechanisch
205	Lehnshallig	mechanisch
212	Klanxbüll	mechanisch
229	Morsum	zu Husum (Ks-Signale)
233	Keitum	zu Husum (Ks-Signale)
237	Westerland	mechanisch

Der von der Mietlok 218 402 angeführte Sylt Shuttle erreicht am 11. Mai 2019 die Nösse, die östliche Spitze der Insel Sylt.

Aus der Luft wirkt das Szenario wie auf einer Modellbahn. Eine blaue Mietlokomotive der Baureihe 218 bespannt am 30. Mai 2021 den mit sechs Wagen recht kurzen IC 2364 bei Weddingstedt. Die Maschine gehört der Pressnitztalbahn, die ihre Anfänge in der gleichnamigen Museumsbahn im Erzgebirge hatte.

Neueste Entwicklungen und Zukunftsperspektiven

Es ist nicht ohne Ironie, dass die Marschbahn bis heute nicht durchgehend elektrifiziert wurde und somit im Bundesland der Energiewende von Dieselloks bedient wird. Der elektrische Fahrdraht reicht seit 1998 lediglich bis Itzehoe. Spätestens dort müssen alle Züge, die zuvor aus dem Süden, Westen oder Osten der Republik angekommen sind, einen Lokwechsel vornehmen. Zudem ist die Marschbahn auf den Abschnitten im Bereich der Eiderbrücke bei Friedrichstadt, zwischen den Bahnhöfen Husum und Husum Nord, Hattstedt und Bredstedt, Niebüll und Klanxbüll sowie Morsum und Westerland immer noch eingleisig ausgeführt. Diese Nadelöhre führen häufig zu Verspätungen. Im Jahr 2021 begannen die Planungen für einen zweigleisigen Ausbau zwischen Niebüll und Klanxbüll. Das Bundesministerium für Verkehr und digitale Infrastruktur (BMVI) beauftragte die DB mit dem Ausbau des Abschnitts Niebüll–Klanxbüll. Durch die Errichtung eines zweiten Gleises auf dem 13 Kilometer langen Streckenabschnitt kann die Geschwindigkeit von 100 auf 140 km/h erhöht und die Zahl von wartenden Zügen verringert werden. Das führt zukünftig zu kürzeren Fahrzeiten und einem zuverlässigeren Bahnverkehr. Der Ausbau des Abschnitts zwischen Morsum und Tinnum soll als Nächstes folgen. Zudem möchte das Land Schleswig-Holstein entlang des Hindenburgdamms zusätzliche Überleitstellen bauen lassen. Die Länder Bremen, Hamburg, Mecklenburg-Vorpommern, Niedersachsen, Schleswig-Holstein und die Deutsche Bahn wollen den Schienenausbau im Norden Deutschlands massiv vorantreiben. Mit dem Bündnis „Zukunft Schiene Nord“ sollen Neu- und Ausbauprojekte gefördert und beschleunigt, die vorhandene Infrastruktur robuster sowie der Fern-, Nah- und Güterverkehr über Bundesländergrenzen hinweg gestärkt werden.

Zwischen 2018 und 2022 wurde die Strecke umfassend saniert. Im Rahmen einer Investitionsoffensive standen rund 140 Millionen Euro für die Erneuerung der Gleisanlagen zur Verfügung. Bahnübergänge, Signaltechnik und Brücken wurden mit rund 20 Millionen Euro modernisiert und rund 200 Kilometer Gleise und über 30 Weichen erneuert. Dabei kam es immer wieder zu Gleissperrungen und Ersatzverkehren.

Seit Ende 2013 diskutiert man auf Seiten der Landes- und Kommunalpolitik mit Wirtschaftsvertretern wieder verstärkt über eine Elektrifizierung der Marschbahn über Itzehoe hinaus. Argumentiert wird dabei neben einer Verkürzung der Fahrzeiten – etwa durch den entfallenden Lokwechsel und kürzere Beschleunigungszeiten der Triebfahrzeuge –, einem „sauberen Verkehrskonzept“, das ausschließlich auf Ökostrom setzen könnte, auch mit der verbesserten Verkehrsanbindung der Urlaubsregion Nordfriesland und insbesondere der Inseln Sylt, Föhr und Amrum an die deutschen Großstädte und Ballungszentren. Im Bundesverkehrswegeplan 2030 wurde dieses Vorhaben jedoch nicht aufgenommen. Nach Angaben von Verkehrsminister Bernd Buchholz (FDP), der im Juni 2022 von Claus Ruhe Madsen (CDU) abgelöst wurde, könnte der Bahnverkehr im Norden 2030 komplett dieselfrei laufen. Ermöglichen soll das der Ausbau und die Elektrifizierung der Strecke von Itzehoe nach Sylt und der geplante landesweite Einsatz von 55 Batterie-Zügen auf Nebenstrecken, wie im Spätsommer 2021 bekannt wurde. Die Landesregierung möchte dieses Vorhaben nunmehr selbstständig vorantreiben. Genutzt werden soll dazu der jüngst stark vergrößerte Topf des Gemeindeverkehrsfinanzierungs-Gesetzes.

Ab dem Jahr 2030 könnten zudem Flügelzüge des neuen RE 60 den Takt des RE 6 auf 30 Minuten verdichten, die zwischen Westerland und Husum bzw. Flensburg verkehren und in Niebüll getrennt werden. Voraussetzung dafür wäre es, die 36 Kilometer lange Trasse von Lindholm bis nach Flensburg-Weiche zu ertüchtigen, auf der die alten Schienen heute vor sich hin rosten. Zudem könnten dann auch in Lindholm wieder Züge halten. Darüber hinaus bestünde auch die Möglichkeit, die Züge aus Tondern nach Flensburg durchzubinden, um die West- mit der Ostküste ganz im Norden des Landes zu verbinden.

Außerdem ist die Vergabe des Akkunetzes Nord nun abgeschlossen. Die NBE Nordbahn Eisenbahngesellschaft, eine Tochtergesellschaft der BeNEX GmbH und der AKN Eisenbahn GmbH, wird ab Dezember 2023 mit der Betriebsführung auf den Strecken Husum–Kiel, Husum–Bad St. Peter-Ording, Kiel–Flensburg und Neumünster–Büsum betraut. Dazu liefert Stadler Pankow 55 Akkutriebzüge der neuen Baureihe 526/826 an die Paribus Holding, die diese an die Nordbahn und die Betreiber der anderen Akkunetze vermietet. Bis zur vollständigen Auslieferung der neuen Züge bis Mitte 2024 sollen Dieseltriebwagen der Baureihe 648, die in der Farbgebung des Nahverkehrsverbunds Schleswig-Holstein (NAH.SH) lackiert werden, den Betrieb sicherstellen.

Neben der Elektrifizierung der Marschbahn ist beabsichtigt, auch die Strecke Niebüll–Dagebüll mit einer Oberleitung zu versehen. Denn ab 2024 sollen moderne Talgo-Züge der DB die bisherigen Kurswagen ablösen. Etwa 40 Prozent der Fernverkehrsreisenden nach Nordfriesland haben Dagebüll und vor allem die beiden Inseln Föhr und Amrum zum Ziel. Die zukünftigen IC-Züge der DB Fernverkehr sollen mit zwei Zugteilen und jeweils einer Ellok in Niebüll ankommen, dort getrennt werden und separat nach Westerland und Dagebüll verkehren. Solange die Marschbahn jedoch noch nicht elektrifiziert ist, müsste eine modere Diesellok den gekoppelten Doppelzug bis Niebüll übernehmen und auch die Ellok als Wagenlok mitschleppen. Ab Niebüll würde dann ein Zug mit Diesellok nach Westerland, der andere mit Ellok nach Dagebüll verkehren. Während heute im Sommer täglich vier Fernverkehrsanbindungen zwischen Niebüll und Dagebüll pro Richtung fahren, könnten es 2024 bis zu sieben sein. Die DB will Talgo-Züge ab Karlsruhe, Köln und Berlin nach Nordfriesland schicken. Eine Besonderheit ist die Energieversorgung: Geplant ist die Einspeisung lokalen Ökostroms im Umspannwerk Gasthafen in Klockries bei Niebüll mit Transformation auf 15 Kilovolt und 16,7 Hertz entsprechend der für elektrische Züge gebräuchlichen Spannung. Der Strom wird dabei von 42 Windkraftanlagen mit 103 Megawatt installierter Leistung produziert. Zudem werden in Deezbüll, Maasbüll und Dagebüll Mole derzeit Bahnsteige und Überdachungen installiert.

Eine Machbarkeitsstudie aus dem Jahr 2021 bewertet den Ausbau und die Elektrifizierung der Strecke von Itzehoe über Wilster nach Brunsbüttel sowie die Verlängerung der Regionalbahn 61 dorthin. Näheres dazu finden Sie im Kapitel „Regelmäßiger Verkehr zur Raffinerie Hemmingstedt“.

So könnte es auf der Marschbahn ab dem Jahr 2030 überall aussehen: Oberleitung und modere ICE-Triebzüge. Am 3. März 2021 ist der siebenteilige ICE 4 mit der Nummer 9206 (Baureihe 412.2) auf einer Versuchsfahrt zwischen Krempe und Glückstadt unterwegs. Getestet wird die neueste Generation des Fahrgastinformationssystems (FIS).

Die IC-Züge werden im Regelfall gezogen. Die Lokomotive ist dann an der Zugspitze. Am 24. Juli 2019 verkehrt IC 2374 mit einer Lok in der Mitte. Geschobene Züge können nur von einer Lok, nicht jedoch von einer Doppeltraktion befördert werden. Die Steuerung lässt nur zwei Teilnehmer zu: Lok und Steuerwagen. Die zweite Lok wäre der dritte Teilnehmer.

Neben der DB fahren auch viele private Bahngesellschaften Hemmingstedt an. Am 15. Juni 2021 ist die neue Hybrid-Lokomotive der Baureihe 159 (Stadler EuroDual) mit einem Biosprit-Zug kurz vor ihrem Ziel. Der Zug wurde, wie immer, in Itzehoe geteilt, um nicht zu schwer (maximal 950 Tonnen) für die Hochbrücke zu sein. Die leeren Wagen der beiden Zugteile können aber gemeinsam wieder gen Süden fahren.

Die Geschichte der legendären Inselbahn

Die Sylter Inselbahn ist heute nur noch eine Legende. Doch immer mehr Menschen wünschen sich das Bähnchen zurück. Was würde ein modernes Nahverkehrskonzept, das neben zahlreichen Buslinien auch eine Inselbahn auf eigenem Gleiskörper vorsähe, für die insbesondere im Sommer oftmals verstopften Hauptstraßen etwa von Westerland über Wenningstedt und Kampen nach List sowie über Rantum nach Hörnum für eine spürbare Entlastung bedeuten! Doch leider endete der Betrieb am 30. Dezember 1970 nach über 80 Jahren. Die ehemaligen Trassen, auf denen die Schienen in der Regel im lockeren Sand verlegt waren, wodurch es immer zu Entgleisungen kam, sind heute überbaut. Doch an vielerlei Orten findet man trotzdem noch Spuren: Reisende, die Westerland mit dem Personenzug erreichen, entdecken zwischen dem Westerländer Bahnhof und der Friedrichstraße ein altes Stück Gleis mit zwei Achsen und einer Infotafel. Der Bahnweg, der vom ZOB Westerland in nordöstliche Richtung verläuft, erinnert an die alte Trasse der Nordbahn, der wir uns auf der nächsten Seite widmen. Und wer zu Fuß oder mit dem Fahrrad unterwegs ist, findet hier und da auch noch Relikte aus einer Zeit, die vor über 50 Jahren abgelaufen ist. Von der ehemaligen Ostbahn, die zum großen Teil über das Gelände des heutigen Flughafens Sylt führte, ist nach umfassenden Baumaßnahmen nichts mehr zu erkennen. Auch die zahlreichen militärischen Strecken und Anschlussgleise zu Bunkern und Gefechtsanlagen sind ausnahmslos zurückgebaut worden. Die Pläne, die schmalspurige Inselbahn auf die Normalspur von 1.435 Millimetern auszubauen, konnte man lediglich für ein paar Jahre in der Relation Westerland–Rantum realisieren.

Bei der ersten Bahnstrecke der Inselbahn, die am 8. Juli 1888 eröffnet wurde, handelt es sich um die rund fünf Kilometer lange Strecke der Ostbahn von Munkmarsch nach Westerland. Die Westerländer Badedirektion hatte sie in Auftrag gegeben, um die Schiffsreisenden schneller und komfortabler transportieren zu können. Die Strecke verlief dabei fast schnurgerade durch die Heidekrautlandschaft und passierte den Lornsenhain und das Inselwäldchen. Fahrgäste konnten am alten Kurhaus aussteigen, das heute eine Spielbank ist und Kunstausstellungen zum Beispiel von Udo Lindenberg beherbergt. Die Abfahrtszeiten der Züge waren abhängig vom Fahrplan der Fährschiffe nach Hoyer Schleuse, die tidenabhängig verkehrten. Im Winter ruhte der Bahnverkehr weitgehend. Nach Bau und Inbetriebnahme der Eisenbahnverbindung über den Hindenburgdamm wurden die Schiffsverbindungen allerdings wieder aufgegeben, da eine wirtschaftliche Fortführung nicht mehr zweckmäßig gewesen wäre. Nachdem man etwa den Fährbetrieb am 31. Mai 1927 eingestellt hatte, verlor auch die Ostbahn von Munkmarsch nach Westerland ihre Bedeutung und wurde im darauffolgenden Jahr abgebaut.

Nachdem ein weiterer Schiffsanleger in Hörnum errichtet worden war, wurde die Südbahn 1901 eröffnet, um Fahrgäste bequem und schnell (in 42 Minuten laut dem Fahrplan von 1950) von Hörnum über Rantum nach Westerland zu bringen. In Auftrag gegeben wurde die 18,3 Kilometer lange Strecke von der Nordsee-Linie Dampfschiffs-Gesellschaft mbH, der Rechtsvorgängerin der Hamburg-Amerikanischen Paket AG (Hapag). Die Trasse der Südbahn verlief dabei überwiegend durch Dünengebiete. Von Rantum nach Hörnum war sie bis 1935 sogar die einzige Verbindung und diente auch der Versorgung des südlichen Teils der Insel mit Gütern und Waren des täglichen Bedarfs, da Straßen noch nicht existierten.

Die Nordbahn verband Westerland von 1903 an über Wenningstedt mit Kampen und von 1908 an mit List. Die 21,3 Kilometer lange Strecke wurde von Emil Kuhrt geplant und gebaut, der auch schon die Ostbahn errichtet und 1892 käuflich erworben hatte. Die Züge benötigten 1950 fahrplanmäßig 41 Minuten für die gesamte Strecke – also ähnlich lange wie die der Südbahn. Bemerkenswert dabei war die Tatsache, dass die Bahnhöfe der Nord- und Südbahn in Westerland – was man eigentlich erwartet hätte – nicht aneinandergrenzten, sondern etwa eine halbe Stunde Fußmarsch auseinanderlagen. Diese Lücke wurde erst im Jahr 1917 auf Geheiß der Marine zu einer durchgehenden Verbindung von List nach Hörnum geschlossen. Alle Fahrzeuge wurden nun in den weitflächigen Betriebsanlagen der Nordbahn in der Nähe des Kurhauses – wo auch die Ostbahn begann – versorgt. Die Betriebsanlagen der Südbahn konnten aufgegeben werden. Vom Lister Bahnhof, der zunächst rund 400 Meter südlich vom Hafen errichtet worden war und den man später aus militärischen Gründen etwa einen Kilometer weiter nach Süden verlegen musste, führten auch zwei Anschlussstrecken zum nordwestlichen Listland sowie zum Ellenbogen.

1952 endete der planmäßige Dampfbetrieb. Der Besitzer der Inselbahn, Ruy Prahl, revolutionierte aus Kostengründen den Personenverkehr auf der Inselbahn und ließ Sattelschlepper-Triebwagen entwerfen und bauen. Als Grundlage diente ein Borgward-Lastkraftwagen, dessen beide Achsen mit Eisenbahnrädern ausgestattet wurden und auf den man hinten einen selbstgebauten Sattelauflieger montierte, der wiederum auf einem zweiachsigen Drehgestell ruhte. Wenn dessen Kapazität nicht ausreichte, bestand die Möglichkeit, weitere vierachsige Anhänger an diesen Sattelschlepper-Triebwagen anzuhängen. Die Innenausstattung mit Durofol-Straßenbahnsitzen war schlicht, aber dafür durften wohl die Lokführer die Farbe ihres Triebwagens selbst bestimmen. Das führte dazu, dass Ende der 1950er-Jahre die unteren Hälften unter dem Fensterband der fünf Leichttriebwagen (LT) in verschiedenen Farben lackiert worden waren: LT 1 = rot, LT 2 = hellgrün, L T3 = khakibraun, LT 4 = blau und LT 5 = grün. Bemerkenswert war auch die zugelassene Höchstgeschwindigkeit von 70 km/h, die im täglichen Einsatz sicher nur sehr selten erreicht worden sein dürfte!

An einigen Stellen der Insel findet man noch heute Reste der Sylter Inselbahn – wie hier an einer Kreuzung zwischen Straße und Radweg, der auf den Relationen List–Westerland und Westerland–Hörnum zu großen Teilen deckungsgleich mit der ehemaligen Trasse der Inselbahn ist.

Auch wenn man aufgrund der Ausführungen auf der letzten Seite zu den verschiedenen Lackierungsvarianten auf die Idee kommen könnte, es handele sich bei diesem Fahrzeug um LT 1, darf man sich nicht beirren lassen, da der LT 1 ein höheres Dach hatte und jeweils zwei Chromleisten an den Längsseiten montiert waren. In List steht im August 1970 LT 4, der im späteren Verlauf unter dem Fensterband wie LT 1 eine rote Lackierung erhalten hat, zusammen mit den Beiwagen 6 und 7, zur Abfahrt bereit. Aktuell befindet sich genau dieser Triebwagen nach einer langen Odyssee bei der Museumsbahn Selfkantbahn in Nordrhein-Westfalen zur Aufarbeitung.

Hier sehen wir den Leichttriebwagen (LT) 5 im Jahr 1962 in Hörnum. Im Winter wurde, wie damals im Straßenverkehr üblich, die Luftzufuhr zum Kühler mittels einer Kunstlederabdeckung reduziert.

Leichttriebwagen 1 nebst Beiwagen 7 wartet hier im Westerländer Kleinbahn-Bahnhof, der sich früher an der Stelle des heutigen Busbahnhofs befand, auf seine nächste Fahrt.

19. bis 25., 27. bis 29. Juli, 2. bis 8., 10. bis 14., 17. bis 22., 24. bis 28. August, 1. bis 5., 7. bis 12., 16. bis 19., 21. bis 25. September

29. August, 2. bis 5., 7. bis 12., 17. bis 19., 21. bis 25. September

Sylter Verkehrsges., Westerland (Sylt)

112 q Westerland–Hörnum und zurück

km	Fahrt Nr		3	5	7	9	11	13	15	17	19	21	23	25	27	29	31	33	35	37	39	41
0	**Westerland** (Bundesbf) 112 .. ab	...	6.20	7.45	8.20	9.05	9.55	c10.45	11.20	11.35	13.10	13.50	15.10	16.10	16.45	17.20	17.30	18.20	19.10	Fr20.00	d22.30	e 0.15
4	Dikjen-Deel	...	6.25	7.50	8.27	9.12	10.02	10.52	11.27	11.42	13.17	13.57	15.17	16.17	16.52	17.27	17.37	18.27	19.17	20.05	22.35	0.20
6	Rantum Nord	...	6.28	7.53	8.31	9.16	10.06	10.56	11.31	11.46	13.21	14.01	15.21	16.21	16.56	17.31	17.41	18.31	19.21	20.08	22.38	0.23
7	Rantum Seeheim	...	6.30	7.54	8.33	9.18	10.08	10.58	11.33	11.48	13.23	14.03	15.23	16.23	16.58	17.33	17.43	18.33	19.23	20.10	22.40	0.25
8	Rantum Dorf	...	6.32	7.55	8.35	9.20	10.10	11.00	11.35	11.50	13.25	14.05	15.25	16.25	17.00	17.35	17.45	18.35	19.25	20.12	22.42	0.27
13	Puan-Klent	...	6.39	8.03	8.43	an	10.18	11.08	11.43	an	13.33	14.13	15.33	16.33	17.08	17.43	an	18.43	19.33	20.19	22.49	0.34
16	Hörnum Nord	...	6.45	8.10	8.50	...	10.25	11.15	11.50	...	13.40	14.20	15.40	16.40	17.15	17.50	...	18.50	19.40	20.25	22.55	0.40
18	**Hörnum** 1000 r .. an	...	6.50	8.15	8.55	...	10.30	c11.20	11.55	...	13.45	14.25	15.45	16.45	17.20	17.55	...	18.55	19.45	Fr20.30	d23.00	e 0.45

km	Fahrt Nr	2	4	6	8	10	12	14	16	18	20	22	24	26	28	30	32	34	36	38	40	42
0	**Hörnum** 1000 r .. ab	✕6.05	7.00	8.20	9.05	...	10.40	c11.30	12.05	...	13.55	14.35	15.55	16.55	17.30	18.10	...	19.10	19.55	Fr20.40	d23.05	e 0.50
2	Hörnum Nord	6.10	7.05	8.25	9.10	...	10.45	11.35	12.10	...	14.00	14.40	16.00	17.00	17.35	18.15	...	19.15	20.00	20.45	23.10	0.55
5	Puan-Klent	6.17	7.12	8.31	9.17	...	10.52	11.42	12.17	...	14.07	14.47	16.07	17.07	17.42	18.22	...	19.22	20.06	20.51	23.16	1.01
10	Rantum Dorf	6.25	7.20	8.38	9.25	9.25	11.00	11.50	12.25	11.55	14.15	14.55	16.15	17.15	17.50	18.30	17.50	19.30	20.13	20.58	23.23	1.08
11	Rantum Seeheim	6.27	7.22	8.40	9.27	9.27	11.02	11.52	12.27	11.57	14.17	14.57	16.17	17.17	17.52	18.32	17.52	19.32	20.15	21.00	23.25	1.10
12	Rantum Nord	6.30	7.25	8.42	9.29	9.29	11.04	11.54	12.29	11.59	14.19	14.59	16.19	17.19	17.54	18.34	17.54	19.34	20.17	21.02	23.27	1.12
14	Dikjen-Deel	6.34	7.29	8.45	9.33	9.33	11.08	11.58	12.33	12.03	14.23	15.03	16.23	17.23	17.58	18.38	17.58	19.38	20.20	21.05	23.30	1.15
18	**Westerland** (Bundesbf) 112 .. an	✕6.40	7.35	8.50	9.40	9.40	11.15	c12.05	12.40	12.10	14.30	15.10	16.30	17.30	18.05	18.45	18.05	19.45	20.25	Fr21.10	d23.35	e 1.20

Bedarfshaltestellen: km 1 Meisenweg, 3 FKK-Strand, 10 Rantum, Vogelkoje, 17 Steintal, 18 Kurverwaltung

c = Sa und †
d = vom 29. VI. bis 3. IX. täglich, sonst Fr, Sa und †
e = Fr, Sa und †

Sylter Verkehrsges., Westerland (Sylt)

112 q Westerland–List und zurück *(Schmalspurbahn)* — Alle Züge 2. Klasse

km	Zug Nr		3	5		7	9		11	13		15	17	19		21	23		25	27	
0	**Westerland** (Bundesbf) 112 .. ab	...	✕ 5.10	5.50	...	7.05	7.55	...	9.10	9.50	...	11.25	13.05	15.10	...	16.15	17.05	...	18.15	19.05	...
4	**Wenningstedt**	...	5.20	6.00	...	7.19	8.06	...	9.22	10.01	...	11.36	13.17	15.21	...	16.26	17.16	...	18.26	19.16	...
6	**Kampen**	...	5.25	6.05	...	7.24	8.11	...	9.28	10.06	...	11.41	13.23	15.26	...	16.33	17.21	...	18.32	19.21	...
9	**Vogelkoje**	...	5.32	6.12	...	7.31	8.18	...	9.34	10.13	...	11.48	13.31	15.33	...	16.40	17.28	...	18.38	19.28	...
11	**Klappholttal**	...	5.36	6.17	...	7.36	8.22	...	9.38	10.17	...	11.52	13.36	15.37	...	16.44	17.32	...	18.42	19.32	...
13	**Bildsel**	...	5.42	6.23	...	7.42	8.28	...	9.44	10.23	...	11.58	13.42	15.43	...	16.50	17.38	...	18.48	19.38	...
16	**List** Bahnhof	...	5.48	6.28	...	7.48	8.34	...	9.49	10.29	...	12.04	13.48	15.49	...	16.56	17.44	...	18.53	19.44	...
17	**List** Dorf .. an	...	✕ 5.51	6.31	...	7.51	8.40	...	9.52	10.32	...	12.07	13.55	15.55	...	17.00	17.50	...	18.56	19.47	...

km	Zug Nr		4	6		8	10		12	14		16	18	20		22	24		26	28	
0	**List** Dorf .. ab	...	✕ 6.00	6.40	...	8.00	8.50	...	10.00	10.40	...	12.20	14.05	16.05	...	17.10	18.00	...	19.15	20.00	...
1	List Bahnhof	...	6.05	6.51	...	8.10	9.05	...	10.05	10.45	...	12.25	14.20	16.10	...	17.20	18.10	...	19.20	20.05	...
4	Bildsel	...	6.11	6.57	...	8.16	9.11	...	10.11	10.51	...	12.31	14.26	16.16	...	17.26	18.16	...	19.26	20.11	...
6	Klappholttal	...	6.17	7.03	...	8.22	9.17	...	10.17	10.57	...	12.37	14.32	16.22	...	17.32	18.22	...	19.32	20.17	...
8	Vogelkoje	...	6.21	7.07	...	8.26	9.21	...	10.21	11.01	...	12.41	14.37	16.26	...	17.36	18.26	...	19.36	20.21	...
11	Kampen	...	6.28	7.14	...	8.33	9.28	...	10.28	11.08	...	12.48	14.45	16.33	...	17.43	18.32	...	19.43	20.28	...
13	Wenningstedt	...	6.33	7.19	...	8.38	9.33	...	10.33	11.13	...	12.53	14.50	16.38	...	17.48	18.38	...	19.47	20.33	...
17	**Westerland** (Bundesbf) 112 .. an	...	✕ 6.43	7.30	...	8.50	9.45	...	10.45	11.24	...	13.04	15.00	16.50	...	18.00	18.50	...	19.55	20.43	...

Weitere Verbindungen nach List siehe Busfahrplan 2112/1

Bedarfshaltestelle: km 1 Tonderner Straße

Seite 34

20., 23. bis 31. März; 1. bis 3., 8. bis 12., 14. bis 17., 22. bis 24., 26. bis 30. April; 1., 6. bis 16., 22. bis 30. Mai

Sylter Verkehrsges., Westerland (Sylt)

112 q Westerland–Hörnum und zurück *(Schmalspurbahn)* — Am 24. u 31. XII. Verkehr wie Sa — Alle Züge 2. Klasse

km	Zug Nr		105			107			111			115			121			
0	**Westerland** (Bundesbf) 112 .. ab	...	✕6.05	...	...	d7.45	...	...	d 9.50	...	...	f13.50	...	...	g16.40	...	...	...
4	Dikjen-Deel	...	6.10	...	...	7.52	...	...	9.56	...	...	13.57	...	...	16.47	...	...	...
6	Rantum Nord	...	6.16	...	...	7.58	...	...	10.02	...	...	14.03	...	...	16.53	...	...	...
7	Rantum Seeheim	...	6.18	...	...	8.00	...	...	10.04	...	...	14.06	...	...	16.55	...	...	...
8	Rantum Dorf	...	6.20	...	...	8.03	...	...	10.07	...	...	14.09	...	...	16.58	...	...	...
13	Puan-Klent	...	6.30	...	...	8.14	...	...	10.17	...	...	14.20	...	...	17.08	...	...	...
16	Hörnum Nord	...	6.37	...	...	8.22	...	...	10.25	...	...	14.28	...	...	17.16	...	...	...
18	**Hörnum** 1000 r .. an	...	✕6.42	...	...	d8.27	...	...	d10.30	...	...	f14.33	...	...	g17.20	...	...	...

km	Zug Nr		106			108			112			116			122			
0	**Hörnum** 1000 r .. ab	...	✕7.00	...	...	d8.50	...	...	d10.40	...	...	f14.50	...	...	g17.35	...	...	...
2	Hörnum Nord	...	7.05	...	...	8.55	...	...	10.45	...	...	14.55	...	...	17.39	...	...	...
5	Puan-Klent	...	7.12	...	...	9.03	...	...	10.52	...	...	15.02	...	...	17.47	...	...	...
10	Rantum Dorf	...	7.22	...	...	9.13	...	...	11.02	...	...	15.12	...	...	17.58	...	...	...
11	Rantum Seeheim	...	7.24	...	...	9.15	...	...	11.04	...	...	15.14	...	...	18.00	...	...	...
12	Rantum Nord	...	7.27	...	...	9.18	...	...	11.07	...	...	15.17	...	...	18.02	...	...	...
14	Dikjen-Deel	...	7.33	...	...	9.24	...	...	11.13	...	...	15.23	...	...	18.08	...	...	...
18	**Westerland** (Bundesbf) 112 .. an	...	✕7.40	...	...	d9.31	...	...	d11.20	...	...	f15.30	...	...	g18.15	...	...	...

Bedarfshaltestellen: km 1 Meisenweg, 3 FKK-Strand, 5 Bookental, 10 Rantum, Vogelkoje, 17 Steintal, 18 Kurverwaltung

d = bis 25. X. und ab 22. III.
f = täglich bis 25. X. und ab 16. III., übrige Zeit ✕
g = täglich bis 25. X. und ab 22. III., übrige Zeit Mo bis Fr

Gültig bis 9. V. 1970

Weitere Verbindungen nach Hörnum siehe Busfahrplan 2112/1

Sylter Verkehrsges., (Westerland Sylt)

112 q Westerland–List und zurück *(Schmalspurbahn)* — Am 24. u 31. XII. Verkehr wie Sa — Alle Züge 2. Klasse

km	Zug Nr		5					15				21						
0	**Westerland** (Bundesbf) 112 .. ab	...	h 6.00	...	...	...	...	13.45	...	...	...	h 16.40	...	...	...	...	...	...
1	**Westerland** Inselbf-Nord	...	6.03	...	...	...	...	13.48	...	...	...	16.43	...	...	...	...	...	...
4	**Wenningstedt**	...	6.10	...	...	...	...	13.57	...	...	...	16.51	...	...	...	...	...	...
6	**Kampen**	...	6.15	...	...	...	...	14.03	...	...	...	16.56	...	...	...	...	...	...
9	**Vogelkoje**	...	6.22	...	...	...	...	14.10	...	...	...	17.03	...	...	...	...	...	...
11	**Klappholttal**	...	6.26	...	...	...	...	14.15	...	...	...	17.07	...	...	...	...	...	...
13	**Bildsel**	...	6.32	...	...	...	...	14.21	...	...	...	17.13	...	...	...	...	...	...
16	List Bahnhof	...	6.38	...	...	...	...	14.27	...	...	...	17.19	...	...	...	...	...	...
17	**List** Dorf .. an	...	h 6.41	...	...	...	...	14.30	...	...	...	h 17.22	...	...	...	...	...	...

km	Zug Nr		6					16				22						
0	**List** Dorf .. ab	...	h 6.50	...	...	...	...	14.38	...	...	...	h 17.30	...	...	...	...	...	...
1	List Bahnhof	...	7.00	...	...	...	...	14.50	...	...	...	17.40	...	...	...	...	...	...
4	Bildsel	...	7.06	...	...	...	...	14.56	...	...	...	17.46	...	...	...	...	...	...
6	Klappholttal	...	7.12	...	...	...	...	15.02	...	...	...	17.52	...	...	...	...	...	...
8	Vogelkoje	...	7.16	...	...	...	...	15.06	...	...	...	17.56	...	...	...	...	...	...
11	Kampen	...	7.23	...	...	...	...	15.13	...	...	...	18.02	...	...	...	...	...	...
13	Wenningstedt	...	7.28	...	...	...	...	15.18	...	...	...	18.07	...	...	...	...	...	...
16	Westerland Inselbf-Nord	...	7.37	...	...	...	...	15.26	...	...	...	18.13	...	...	...	...	...	...
17	**Westerland** (Bundesbf) 112 .. an	...	h 7.40	...	...	...	...	15.30	...	...	...	h 18.15	...	...	...	...	...	...

Bedarfshaltestelle: km 1 Tonderner Straße

h = ✕ bis 25. X. u ab 22. III.

Gültig bis 9. V. 1970

Weitere Verbindungen nach List siehe Busfahrplan 2112/1

Hmb 36

Seite 36

Während im Winter 1969/70 (oben) die ganze Strecke letztmalig von Zügen befahren wird, haben im Sommer 1970 Busse die Hälfte der Fahrten übernommen.

2

237 kurzweilige Kilometer – die Etappen der Marschbahn

Von Hamburg-Altona beziehungsweise Elmshorn, wo die Marschbahn von der Kursbuchstrecke 131 Hamburg-Altona–Kiel abzweigt, führt die Marschbahn bis nach Westerland auf der Insel Sylt. Jährlich benutzen etwa fünf Millionen Menschen die zahlreichen Züge auf dieser Hauptbahn. Dabei behindern einige eingleisige Streckenabschnitte auf der ansonsten durchgehend zweigleisig ausgebauten Strecke eine reibungslose Zugfolge.

Am 1. August 2020 beobachten wir, wie ein Regionalexpress von Sylt kommend in die Ausweichstelle Lehnshallig einfährt. Von Osten nähert sich auch schon der Gegenzug aus Hamburg-Altona. Seit das Ausweichgleis verlängert wurde, dürfen Züge von beiden Seiten gleichzeitig einfahren.

Beginn der Strecke in Hamburg beziehungsweise Elmshorn

Wir sagten schon, dass die Marschbahn in Elmshorn beginnt. Die Deutsche Bahn bezeichnet diese Strecke mit den Nummern 1210 (von Elmshorn nach Westerland) und 1201 (für den historischen Streckenverlauf von Niebüll bis zur Staatsgrenze von Dänemark). Der Streckenabschnitt von Hamburg-Altona bis nach Elmshorn, auf dem sachlogisch die Fernverkehrs- und Regionalzüge der Marschbahn verkehren, wird unter der Streckennummer 1220 geführt.

Die Strecke 1210 entspricht der Streckenklasse D4 und ist bis zu einer Achslast von 22,5 Tonnen freigeben. Die Streckenhöchstgeschwindigkeit beträgt 140 km/h, wobei größere Abschnitte auch mit nur 120 km/h oder weniger befahren werden dürfen.

Neben den Intercity-Zügen, die zwischen Westerland und Berlin, Köln, Frankfurt am Main, Karlsruhe und Stuttgart direkt über Hamburg Hauptbahnhof und Hamburg-Dammtor verkehren, fahren auf der Strecke 1210 regelmäßig die Linien RE 6/60 (Hamburg-Altona–Elmshorn–Glückstadt–Itzehoe–Husum–Niebüll–Westerland), RB 61 (Hamburg Hbf–Pinneberg–Elmshorn–Glückstadt–Itzehoe), RB 62 (Itzehoe–Wilster–St. Michaelisdonn–Meldorf–Heide) und RB 71 (Hamburg-Altona–Pinneberg–Elmshorn–Wrist/Itzehoe) des SPNV jeweils im 60-Minuten-Takt (auf der Linie RE 6/60 werden zusätzliche Verstärkerzüge gefahren) sowie zahlreiche Güterzüge insbesondere im südlichen Abschnitt der Marschbahn und die bekannten Autozüge von Niebüll nach Westerland ganz im Norden. Dazu kommen ab/bis Hamburg-Altona die Intercitys 2074, 2364 und 2365. Das Angebot des Anbieters Alpen-Sylt-Nachtexpress

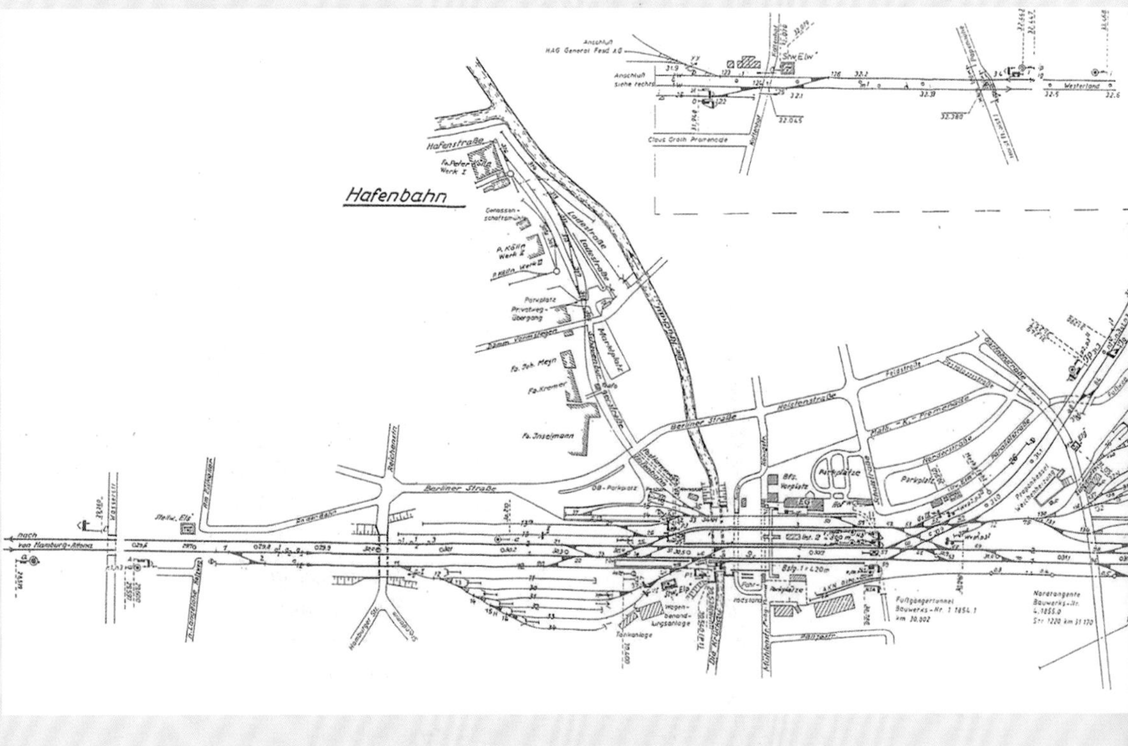

sollte eigentlich vom 6. Mai bis zum 16. Oktober 2022 angeboten werden, begann jedoch wegen mangelnder Buchungsanfragen erst am 20. Mai und endete bereits am 28. Juli im Wesentlichen wegen massiv steigender Strompreise und Lieferproblemen der Bahnindustrie.

Seit Mitte 2021 wird der Kopfbahnhof Hamburg-Altona zu einem Durchgangsbahnhof auf Höhe der jetzigen S-Bahn-Station Diebsteich umgebaut, sodass Fernzüge dort zukünftig wieder halten können, ohne die Fahrtrichtung wechseln zu müssen, was bis zur Elektrifizierung der Strecke Hamburg–Itzehoe im Jahr 1998 für jeden IC obligatorisch war. Bei Eurocity-Zügen erfolgte der Lokwechsel bereits im Hamburger Hauptbahnhof, sodass diese ohne Kopfmachen in Altona direkt nach Sylt durchfahren konnten. Für den Fern- und Regionalverkehr entstehen im neuen Bahnhof Altona drei Bahnsteige mit insgesamt sechs Gleisen. Er soll 2027 in Betrieb gehen und wird ein wichtiger Baustein für den Deutschland-Takt.

Im Bahnhof von Elmshorn ereignete sich am 15. November 2020 eine Entgleisung des RE 6 (Zug 11004), der von Hamburg-Altona auf dem Weg nach Westerland war. Der Steuerwagen und der zweite Wagen entgleisten, die weiteren beiden Wagen sowie Schublok 245 204 blieben im Gleis. Grund dafür waren umfangreiche Gleis-/Weichenerneuerungen im Oktober/November 2020. Durch ein Missverständnis und unterschiedliche Bauzustände der Weichen 113 alt (Gleis 1) und 114 neu (Gleis 2) mit unterschiedlichen Höhen bestand keine niveaugleiche Gleisverbindung zwischen beiden Schienensträngen.

In Elmshorn gab es eine Hafenbahn, die ihren Betrieb Ende der 1980er-Jahre einstellte. Die Schienen wurden erst im Jahr 2003 demontiert.

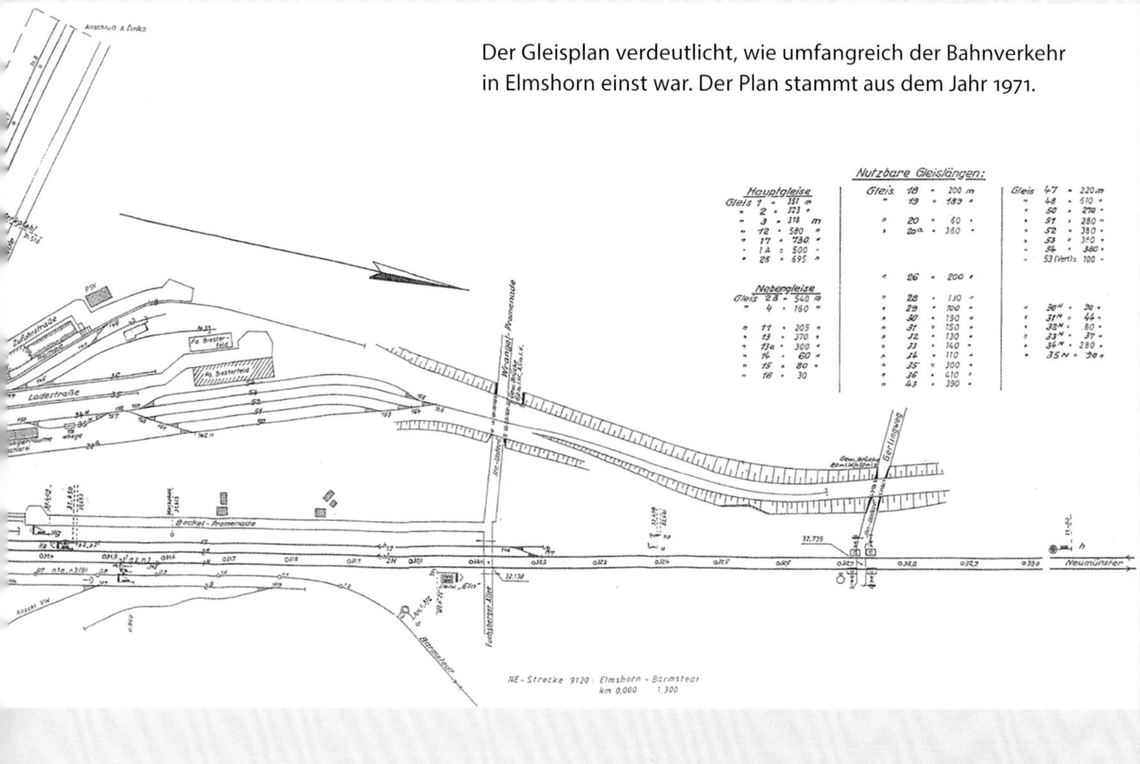

Der Gleisplan verdeutlicht, wie umfangreich der Bahnverkehr in Elmshorn einst war. Der Plan stammt aus dem Jahr 1971.

Der Elektrotriebwagen ET 6.06 der Eisenbahngesellschaft Nordbahn verlässt am 29. Februar 2016 den Bahnhof Hamburg-Dammtor. Das Fahrzeug gehört zur Familie der Flirt-Triebwagen. „Flirt" ist die Abkürzung von „flinker leichter innovativer Regional-Triebzug".

Die PRESS-Diesellok 246 049 macht sich am 9. Juni 2021 mit einem Zug der Linie RE 6 in Hamburg-Altona auf den Weg nach Westerland. Im Gegensatz zu ihrer Nachfolgerin, der Baureihe 245 (P 160 DE ME), verfügt die Baureihe 246 (P 160 DE) nur über einen Dieselmotor mit 2.200 kW (2.992 PS) Leistung.

In Elmshorn steht ein Dieseltriebwagen der Baureihe 612.5 bereit. Der Zug wird im weiteren Fahrtverlauf getrennt, wobei der vordere Triebwagen nach Kiel und der hintere nach Flensburg weiterfahren wird. In Elmshorn zweigt die Marschbahn von der Strecke nach Kiel ab.

Am 24. Juni 1981 passiert 218 117 mit ihrem Güterzug das Stellwerk „ELP“ in Elmshorn. Seit der Bahnreform in den 1990er-Jahren gehörten die Maschinen der Baureihe 218 zum Geschäftsbereich Nahverkehr, der späteren DB Regio AG. Güterzugeinsätze waren dann nicht mehr möglich.

Streckenbeschreibung, Ende der Oberleitung und Lokwechsel in Itzehoe

Hinter Elmshorn verläuft die Strecke der Marschbahn westlich in einem weiten Bogen durch die Kollmarer Marsch bis nach Glückstadt. In der Kurve hinter dem Bahnhof Glückstadt liegt rechter Hand das Gelände des ehemaligen Bundesbahn-Ausbesserungswerks, das bis ins Jahr 2000 in abgespeckter Form existierte. Von dort aus durchschneidet die Strecke der Marschbahn die Kremper Marsch und führt vorbei an Krempe, Kremperheide bis nach Itzehoe, wobei zuvor noch die Stör (früher über eine Klappbrücke) überquert wird. Kurz vor Itzehoe fädelt sich aus südöstlicher Richtung die Strecke vom Zementwerk in Lägerdorf in die Marschbahn ein. Sie führt zum dortigen Holcim-Zementwerk und wird regelmäßig im Güterverkehr bedient. Staubgutzüge passieren auf dem Weg unter anderem einen Tagebau, der seinen Betrieb im Jahr 2002 eingestellt hat und geflutet wurde, während an anderer Stelle in Lägerdorf noch Kreide abgebaut wird.

In Itzehoe endet heute der Fahrdraht, der im Jahr 1998 von Elmshorn aus bis hierher montiert worden war. Folglich ist dies die letzte Möglichkeit für alle weiter nordwärts verkehrenden Züge, von Ellok auf Diesel umzuspannen. Der Bahnhof Itzehoe ist ein Personen- und Güterbahnhof und verfügt über vier Bahnsteiggleise mit zwei Mittelbahnsteigen. Der Bahnverkehr wird wie folgt abgefertigt:

- Gleis 2 für Regionalbahnen von und nach Hamburg;
- Gleis 3 für die RE-Züge (RE 6/RE 60) und die IC-Züge nach Westerland sowie teilweise die Regionalbahn nach Heide;
- Gleis 4 für die RE-Züge nach Hamburg-Altona sowie die IC-Züge in Richtung Hamburg-Hauptbahnhof. Zudem wird Gleis 4 teilweise auch zum Ausstieg für die RB aus Heide genutzt;
- Gleis 5 ist teilweise auch Ausgangspunkt für die Regionalbahnen nach Heide und Hamburg;
- Gleise 6 bis 10 und 14 bis 19 werden für den Güterverkehr und zum Abstellen von Fahrzeugen genutzt;
- Gleis 19 als Lokwartegleis für Dieselloks für den Güterverkehr von und nach Brunsbüttel.

Die Gleise 1 bis 7 sind durchgängig elektrifiziert. Westlich des Bahnhofs Itzehoe endet die Elektrifizierung etwa 400 Meter nach der letzten Einfahrts-/Ausfahrtsweiche. Die Gleise 11 bis 13 sind nicht mehr in Betrieb. Für den Traktionswechsel im IC-Verkehr werden die Gleise 49 und 50 zum Abstellen der Elloks und Dieselloks genutzt, die direkt über Gleis 1 angebunden sind. Die Umspannung der IC-Züge benötigt in der Regel zwölf Minuten Aufenthalt und wird auf den Gleisen 3 und 4 durchgeführt. Die Ausnahme bildet IC 2310, der auf Gleis 2 umgespannt wird, damit die Ellok direkt von dort aus als Leerzug nach Hamburg zurückfahren kann.

Die Dieselloks 4 (ex 212 107) und 10 (ex 216 122) des Gleisbauunternehmens Wiebe aus Achim fahren am 12. September 2020 auf ihrem Weg von Itzehoe nach Hamburg durch Nordoe. Im Vordergrund sehen wir den Abzweig zum Zementwerk Lägerdorf, welches drei Mal pro Woche Kohlenstaub als Brennstoff per Bahn erhält. Bei Bedarf verkehren dort auch private Zementzüge.

Der Bahnhof Itzehoe wird seit 1991 durch ein elektronisches Stellwerk (ESTW) gesteuert. Seit Juni 2003 werden von hier aus auch der Bahnhof Wilster sowie die Überleitstelle Hochdonn ferngesteuert und seit 2010 auch der Bahnhof Heide. Das Empfangsgebäude samt Nebengebäuden steht unter Denkmalschutz.

Außer Betrieb ist die alte Bahnstrecke von Itzehoe über Edendorf, Hohenlockstedt und Kellinghusen (Mittelholstein) bis nach Wrist, die bis auf das kurze Bahnsteiggleis in Wrist selbst abgebaut worden ist. Eine mögliche Reaktivierung des lediglich 2,9 Kilometer langen Streckenabschnitts von Kellinghusen bis nach Wirst, der erst im Jahr 1996 stillgelegt worden war – mit Anschluss an den Regionalverkehr in Richtung Hamburg – wurde lange diskutiert und ist im Sommer des Jahres 2016 letztendlich beschlossen worden. Die Kosten für eine Reaktivierung der Strecke belaufen sich auf etwa sieben Millionen Euro. Die Fahrzeit mit modernen Triebwagen des Modells Flirt der schweizerischen Firma Stadler soll zwischen Kellinghusen und Hamburg-Altona 49 Minuten betragen, wobei ein Zug pro Richtung und Stunde verkehren soll.

Die Hafenbahnen von Glückstadt und Itzehoe gibt es heute leider nicht mehr. Sie wurden im Jahr 1970 im Rahmen einer großen Stilllegungsaktion der Bundesbahndirektion Hamburg außer Betrieb genommen.

Die beiden Dieselloks 218 112 und 103 befördern am 28. August 1993 den IC 823 durch die Wilstermarsch. Die Waggons des Zuges tragen das alte und erste IC-Farbschema sowie das ab 1987 gebräuchliche Schema mit orientrotem Fensterband und pastellfarbenem Absetzstreifen.

2017 tragen die IC-Waggons bereits die ICE-Lackierung. Hier zu sehen ist jedoch eine Ersatzgarnitur für die ausgefallenen Bombardier-Nahverkehrswaggons mit dem Namen „Married-Pair", die sonst ausschließlich auf der Marschbahn im Einsatz sind. Zwei moderne Dieselloks im neuen Landesdesign sorgen für die nötige Beschleunigung des Zuges.

Neben Maschinen der Deutschen Bahn AG kommen regelmäßig private Mietlokomotiven – wie aktuell die blauen Dieselloks der Baureihe 218 der Pressnitztalbahn (PRESS) – zum Einsatz. Hier warten drei Maschinen in Itzehoe, wo die IC-Züge umgespannt werden, auf neue Aufgaben.

Lokwechsel in Itzehoe am 14. Mai 2021. DB Fernverkehr hat 218 055 der Eisenbahn-Bau- und Betriebsgesellschaft Pressnitztalbahn (PRESS) und 218 489 der Firma Railsystems RP angemietet, da der eigene Bestand an einsatzfähigen Dieselloks aktuell nicht ausreicht, um alle planmäßigen Züge zu bespannen.

Schleswig-Holstein war das letzte Bundesland ohne elektrifizierte Bahnstrecken. Auch der Einsatz von Dampfloks vor Personenzügen nach Westerland konnte sich lange halten. Am 28. Juni 1972 passiert die ölgefeuerte Schnellzuglok 012 105 das Stellwerk Glückstadt. Erst nach Protesten stellte die Bundesbahn auf moderne Diesellokomotiven um.

Die Dieselloks 218 379 der DB und die 218 466 der Firma Railsystems RP warten am 1. September 2020 an der Tankstelle auf Gleis 18 in Itzehoe auf die nächsten Einsätze vor den IC-Zügen nach Westerland.

Zwischen Itzehoe und Heide unterwegs auf der Nebenstrecke nach Brunsbüttel und Neumünster

Nach Verlassen des Bahnhofs Itzehoe schlängelt sich die Marschbahn wieder in Richtung Westen und führt im weiteren Verlauf durch die Wilstermarsch bis zur gleichnamigen Stadt Wilster. Die alte Strecke der Marschbahn, die einst von hier über Nortorf, St. Margarethen und Eddelak nach St. Michaelisdonn führte, wird heute vom Nord-Ostsee-Kanal unterbrochen und besteht nur noch in zwei Teilstücken fort. Dabei handelt es sich um die beiden Streckenäste von Wilster bis nach Kudensee (südöstlich des Nord-Ostsee-Kanals), den man 1893 bis nach Brunsbüttel verlängert hatte, und von St. Michaelisdonn bis nach Blangenmoor-Lehe (nordwestlich des Nord-Ostsee-Kanals), der zeitweise sogar bis Brunsbüttel Nord verlängert worden war. Die restliche Strecke von Kudensee über die alte Drehbrücke in Averlak, früher Taterpfahl, und bis nach Blangenmoor-Lehe hatte man 1920 nach der Neutrassierung aufgrund der anstehenden Kanalverbreiterung zurückgebaut; sie fungiert heute unter anderem als Straße bzw. Radweg. Auf dem südlichen, 15,5 Kilometer langen Streckenabschnitt von Wilster nach Brunsbüttel Süd, der heute bis zum Chemcoastpark führt und in dem Kapitel „Regelmäßiger Verkehr zur Raffinerie Hemmingstedt“ beschrieben wird, endete der Personenverkehr erst im Mai 1988, wobei eine Reaktivierung und Elektrifizierung derzeit politisch diskutiert wird. Im Chemcoastpark sind etwa Firmen wie die Covestro AG (Kunststoffe), die Total Bitumen Deutschland GmbH (Rohöl) oder die Yara Brunsbüttel GmbH (Chemie) ansässig, die regelmäßig Güter per Bahn transportieren lassen. In unregelmäßigen Abständen werden im Elbehafen, der ebenfalls über einen Gleisanschluss verfügt, auch Bauteile für Onshore-Windkraftanlagen, die im näheren Umfeld errichtet werden sollen, von der Schiene auf die Straße umgeladen. Den nördlichen, etwa zehn Kilometer langen Abschnitt, auf dem seit den 1960er-Jahren kein Personenverkehr mehr durchgeführt wird, hatte man zunächst bis nach Brunsbüttel Nord verlängert, er endet heute aber etwa 2,5 Kilometer davor an der Ausweichanschlussstelle Condea, der alten Bezeichnung des Chemiewerks. Dort wird der Chemiepark der Firma Sasol Germany GmbH im Brunsbütteler Stadtteil Josenburg von montags bis freitags regelmäßig durch kurze Übergabegüterzüge bedient.

Von Wilster aus schwenkt die Strecke nördlich über Vaale, macht einen weiten Bogen Richtung Westen über flache, lange Rampen, um den Nord-Ostsee-Kanal auf der Hochbrücke Hochdonn zu überqueren. Die Kreuzung von Kanal und Schiene stellte die Planer vor große Herausforderungen. Wie sollte man beide Systeme optimal nutzen, wenn hochseetaugliche Schiffe und schnelle Züge einander die Wege verstellten? Die Lösung wurde in einer neuen Trasse für die Bahn gesehen, mit der man kurz vor dem Ersten Weltkrieg dafür sorgte, dass die Bahn in die Höhe kam. Immerhin fast 60 Höhenmeter sollten erreicht werden. Und um das zu schaffen, wurden lediglich zwei ausladende Rampenzufahrten bei Hochdonn errichtet. So entstand schließlich eine 2.218 Meter lange spektakuläre Hochbrücke, die auch heute noch bewundernde Blicke auf sich zieht. Damit wurde erreicht, dass es weder für die Bahnreisenden noch für die großen Schiffe, die zwischen Nordsee und Ostsee unterwegs waren, unerwünschte

Pausen gab. Die nun um fast sechs Kilometer verlängerte Marschbahn konnte erst nach dem Krieg im Jahr 1920 in Betrieb genommen werden. 42 Meter Durchfahrtshöhe standen für die Schiffe zur Verfügung, was auch heute wohl noch ausreicht. Die Hochbrücke ist ein technisches Meisterwerk. Wer mit dem Auto auf der parallel verlaufenden Autobahn unterwegs ist, nutzt gerne extra eingerichtete Parkplätze, um einen Blick auf den Nord-Ostsee-Kanal mit seinen überdimensioniert wirkenden Schiffen zu werfen und in der Ferne die Hochbrücke zu sehen.

Bei Burg (Dithmarschen) wird die Dithmarscher Geest durchquert und der Streckenverlauf setzt sich auf dem Geestrücken in westlicher Richtung bis nach St. Michaelisdonn fort. Hier durchfahren alle Marschbahn-Züge eine 90-Grad-Kurve, die im Jahr 1920 erforderlich wurde, als man den Streckenverlauf zugunsten einer Neutrassierung über die Hochbrücke Hochdonn änderte. Die alte Strecke, die einst von Wilster über Eddelak hierherführte, fädelt genau an dieser Stelle wieder in die Marschbahn ein.

Von St. Michaelisdonn geht es wiederum in nördlicher Richtung weiter bis nach Meldorf. Die Landschaft entlang dieses Streckenabschnitts wird durch den sogenannten Donner Klevhang (abgeleitet von Kliff) gekennzeichnet. Während der zweiten Eiszeit schoben Gletscher Stein- und Geröllmassen bis zu dieser Stelle vor sich her. Heute befindet sich hier eine landschaftliche Trennung zwischen Marsch und Geest. Von Meldorf verläuft die Strecke über Hemmingstedt, wo heute noch Chemikalien für die Erdölraffinerie rangiert werden, weiter nach Heide (Holstein).

Teilweise abgebaut beziehungsweise anders genutzt wird die ehemalige Nebenstrecke von St. Michaelisdonn nach Friedrichskoog. Auf der Relation St. Michaelisdonn–Marne erfolgte bis Mitte des Jahres 1994 noch sporadischer Güterverkehr. Heute kann man dieses Teilstück mit Muskelkraft auf Draisinen befahren; der übrige Streckenabschnitt ist abgebaut.

Bei der von Heide abzweigenden etwa 63 Kilometer langen Strecke bis nach Neumünster handelt es sich um die alte Stammstrecke der Westholsteinischen Eisenbahn. Sie verbindet die sich in Elmshorn trennenden Strecken 1210 (Richtung Westerland) und 1220 (Richtung Kiel) und wird heute regelmäßig im Regionalverkehr bedient. Die Strecke Neumünster–Heide–Weddinghusen–Karolinenkoog wurde am 22. August 1877 eröffnet, wobei in Karolinenkoog per Dampffähre Anschluss nach Tönning bestand. Bei Beldorf überquert die Strecke auf der Grünentaler Hochbrücke den Nord-Ostsee-Kanal. Dabei ist spannend zu erwähnen, dass Schiene und Straße sich zunächst die Fahrbahn auf der schmalen Brücke teilen mussten, bis im Jahr 1986 ein Neubau mit zwei getrennten Fahrspuren errichtet wurde. Der Personenverkehr wurde in den 1960er-Jahren mit Schienenbussen der Baureihe VT 98, danach bis in die 1980er-Jahre mit Akkutriebwagen der Baureihe 515 vom Bw Heide und anschließend wieder mit weniger komfortablen Schienenbussen durchgeführt, da die Kanalbrücke keine höhere Achslast zuließ. Seit Dezember befahren die Dieseltriebwagen vom Typ Alstom Coradia LINT 41H der NBE Nordbahn Eisenbahngesellschaft mbH & Co. KG (Nordbahn, Eigenschreibweise: nordbahn) die Strecke, wobei fast alle Züge der RB 63 bis nach Büsum durchgebunden werden. Es wird im Zweistundentakt gefahren, auf der Relation Hohenwestedt–Neumünster alle 60 Minuten. Die Strecke stand um 1990 kurz vor der Stilllegung. Dagegen sprach die strukturpolitische Bedeutung der Strecke als militärstrategische Umleitungsstrecke als eine von zwei verbliebenen

Auch das gibt es: Ein dänischer IC3-Triebwagen fährt am 1. Juli 2018 als IC 1130 Kopenhagen–Hamburg Hbf über die Hochbrücke Hochdonn. An diesem Tag wurde der Zug aufgrund von Bauarbeiten in Neumünster von Flensburg über Jübek und Husum umgeleitet.

Ost-West-Strecken in Schleswig-Holstein. Güterverkehr wird auf der Strecke nicht mehr durchgeführt. Die letzten Güterkunden waren Lego, einige weitere Betriebe in Hohenwestedt sowie die Bundeswehr in Albersdorf. Aktuell gibt es gelegentlichen nächtlichen Verkehr von schweren Güterzügen zwischen Neumünster und Heide, die die 950-Tonnen-Begrenzung der Hochbrücke Hochdonn umfahren.

Am 30. Mai 2020 begegnen sich IC 2072 nach Sylt und eine Regionalbahn von Heide nach Itzehoe auf der Hochdonner Hochbrücke. Die beiden Züge sind leicht genug, um zeitgleich die Brücke zu passieren. Schwere Güterzüge müssen den Gegenverkehr abwarten, notfalls direkt am Brückenkopf.

Die Waggons von BTE, einer Tochter von RDC, werden in Husum gewartet. Das gilt seit 2019 auch für Flix-Wagen. Zu deren Überführung kommen verschiedene private EVU zum Zuge. Am 31. März 2019, dem Tag dieser Aufnahme, obliegt einer V 100 von Metrans (212 267) diese Aufgabe.

Am 15. August 2020 verkehrte der Alpen-Sylt-Nachtexpress von Salzburg nach Sylt. Die grünen Reisezugwagen waren zuvor im Einsatz in Flix-Zügen. Die Maschine 861.002, die heute von der Firma Hectorrail eingesetzt wird (ex NOB DE 2700-08), zieht den Zug NEX 1313 über die Hochbrücke. Im Hintergrund quert die Fähre von Hochdonn den Nord-Ostsee-Kanal.

„Das fliegende Klassenzimmer" kennt jeder, aber die „rollende Schule"? Zum Anlass des 50. Schuljubiläums des Otto-Hahn-Gymnasiums Herne fahren alle Schüler und Lehrer in einem Sonderzug am 3. September 2017 nach Sylt. 132 109 (DB-Baureihe 232) in der ursprünglichen Lackierung der Reichsbahn der DDR zieht den langen Zug, der aus 15 Wagen gebildet ist.

Auch der „Retter der Nebenbahnen“, der klassische DB-Schienenbus, darf im Marschbahn-Buch nicht fehlen. Eine dreiteilige Garnitur erreicht den Bahnhof Wilster am 26. April 1988. In diesem Jahr wurde der Reisezugverkehr auf der abzweigenden Stichbahn nach Brunsbüttel eingestellt. Seit 1991 wird der Bahnhof von Itzehoe aus ferngesteuert.

Die Akku-Triebwagen der Baureihe 515 und der „Rote Brummer“ der dieselbetriebenen Baureihe 798 beherrschten seit den 1960er-Jahren die von der Marschbahn abzweigenden Nebenbahnen. Beide Fahrzeugtypen stehen am 22. März 1983 im Bahnhof Heide.

Von Heide nach Husum mit Verbindungen nach Büsum und St. Peter-Ording

Der Bahnhof Heide ist ein Knotenpunkt. Von hier aus zweigen die Strecken nach Büsum und Neumünster ab. Der Bahnhof wurde am 26. September 2014 nach einem grundlegenden Umbau wieder neu eröffnet. Aus einem Inselbahnhof – also einem Bahnhofsgebäude, das zwischen zwei oder mehreren Gleisen in Insellage liegt – ist ein modernes, einstöckiges Bahnhofsgebäude mit Reisezentrum, einem Backshop und Kiosk am westlichen Rand der Gleise geworden. Unmittelbar vor dem Bahnhofsgebäude liegt der Bahnsteig von Gleis 1, von dem heute Fern- und Regionalzüge nach Hamburg abfahren. Durch eine Unterführung gelangen Reisende zum Mittelbahnsteig mit den Gleisen 2 (für Fern- und Regionalzüge in Richtung Westerland), 3 (Stumpfgleis für die Züge der RB 62 von und nach Itzehoe) und 4 (Regionalzüge der RB 63 von Neumünster nach Büsum) sowie zum Seitenbahnsteig von Gleis 5, von dem aus Regionalzüge von Büsum nach Neumünster und abends ein Regionalzug nach Husum fahren. Die Bahnstrecke von Heide nach Büsum zweigt direkt hinter Heide von der Marschbahn ab, unterquert diese bei Weddinghusen und führt in südwestlicher Richtung über Wesselburen weiter bis nach Büsum.

Leider abgebaut wurde die ehemalige Bahnstrecke Heide–Karolinenkoog, die bis ans Eiderufer gegenüber von Tönning führte. Die schnurgerade Trasse der alten Strecke kann heute noch aus dem Zugfenster ab Wittenwurth verfolgt werden. Auf ihr verläuft in großen Teilen die Bundesstraße 5. Das gilt auch für die ehemalige Rundstrecke der schmalspurigen Kreisbahn Norderdithmarschen über Tellingstedt, Dellstedt, Pahlhunde und Hennstedt zurück nach Heide.

Nach der Ausfahrt aus der Stadt Heide überquert die Strecke der Marschbahn die Eider zwischen den Haltepunkten Lunden und Friedrichstadt („Holländer-Stadt“) und erreicht damit den Kreis Nordfriesland. Hier führte einst vom sogenannten Kreisbahnhof eine mittlerweile abgebaute Strecke über Norderstapel und Kropp bis nach Schleswig.

Im Bereich der Eiderbrücke bei Friedrichstadt ist die Strecke der Marschbahn für einen kurzen Abschnitt eingleisig und bildet somit eine Engstelle. Die Strecke verläuft weiter durch die Südermarsch bis zum nächsten größeren Bahnhof in Husum.

Von der ehemaligen 50 Kilometer langen Seitenstrecke Husum–Mildstedt–Rantrum–Schwabstedt–Norderstapel–Erfde–Hohn–Rendsburg liegt heute nur noch das Gleis bis kurz hinter der Stadtgrenze Husums, das von der Nord-Ostsee-Bahn (NOB) gelegentlich als Abstellgleis genutzt wurde. Ende der 1920er-Jahre befuhren hier durchgehende Personenzüge in weniger als drei Stunden Fahrzeit die komplette Trasse. Triebwagen schafften die Strecke 1959 sogar in rund 70 Minuten. 1974 kam dann das Ende der Bahnstrecke. Während man den Personenverkehr am 26. Mai auf der gesamten Relation einstellte, traf dies auch für den Güterverkehr auf dem Teilstück Erde–Hohn zu; die Strecke wurde auf diesem Stück abgebaut. Schuld daran war offenbar der moorige Untergrund im Mittelteil der Trasse. Von Husum aus gab es noch 1988 Güterverkehr bis Erde, 1989 bis Schwabstedt und 1993 bis nach Mildstedt. Ein bescheidener Güterverkehr wurde als Bahnhofsgleis sogar bis 2003 noch zu einem Holzwerk in Mildstedt durchgeführt.

Reger Betrieb herrscht allerdings auf der etwas weiter nördlich verlaufenden Strecke von Husum über Ohrstedt bis nach Jübek und von dort weiter über Rendsburg bis nach Kiel, die seinerzeit aus der Flensburg-Husum-Tönninger Eisenbahn (FHTE) hervorgegangen war, nachdem 1868 Preußen das Eisenbahnnetz in Südschleswig umstrukturiert hatte.

Von Husum aus kann man an die Nordsee nach St. Peter-Ording fahren. Diese Strecke fädelt unterhalb von Husum am Abzweig Hörn aus. Die Halbinsel Eiderstedt bietet mit dem beliebten Urlaubszentrum St. Peter-Ording echtes Marschland, das von hohen Deichen vor Überflutung geschützt wird. Nicht einmal leichte Hügel sind in der Nordseelandschaft zu erkennen. Vom Deich aus kann man so weit in das Land hineinblicken, wie das Wetter es zulässt. Ruhig und von harter Arbeit geprägt muss man sich das Leben in den abgelegenen Orten der Halbinsel in den vergangenen Jahrhunderten vorstellen. Lediglich die Hafenstadt Tönning mit ihrem romantisch anmutenden Hafen hatte überregionale Bedeutung und war zu Beginn des 19. Jahrhunderts die bedeutendste Handelsstadt an der Westseite Schleswig-Holsteins. Es überrascht deshalb nicht, dass schon sehr früh eine Verbindung Tönnings mit Flensburg und Heide über Husum angestrebt und bereits 1854 ermöglicht wurde. Im gleichen Jahr wurde in Tönning auch eine Hafenbahn in Betrieb genommen, von der heute noch hier und da Reste zu sehen sind. Doch ansonsten hat sich der Charakter der von der Marschbahn abzweigenden Nebenbahn stark geändert. Güterverkehr gibt es schon lange nicht mehr. Als letzte Gütertarifpunkte wurden der Bahnhof Tönning 1989 und der Bahnhof Garding 1992 geschlossen; die Gleisanlagen für den Güterverkehr baute man zurück. Zur Dampflokzeit kamen bis in die 1960er-Jahre die Baureihen 50, 56, 57 und 64 zum Einsatz. Dampfbespannte Personenzüge gab es etwa bis 1963. Nach und nach wurden sie durch Dieselloks der Reihen V 36, V 60 und V 100 ersetzt. Im Personenverkehr übernahmen schließlich Schienenbusse vom Typ VT 98 die Leistungen, ehe sie durch Akku-Triebwagen ETA 150 abgelöst wurden.

Und auch wenn die Bahnlinie erst im Jahr 1932 den touristisch bedeutenden Ort St. Peter-Ording (korrekt sogar Bad St. Peter-Ording) erreichte, sichert heute gerade der Tourismus den Bestand der Linie, die seit Einführung des Taktverkehrs eindrucksvoll zeigt, wie ländlicher Bahnbetrieb als attraktive Alternative zum Individualverkehr funktionieren kann.

Die eingesetzten Triebwagen begegnen sich im Bahnhof Tönning, der eine ungewöhnliche Gleisführung aufweist: Über eine Doppelkreuzungsweiche werden die Züge in einen zweigleisigen Kopfbahnhof geführt, wechseln die Fahrtrichtung und verlassen den Bahnhof hintereinander über die Weiche in die jeweils andere Richtung. Dabei durchfahren die Züge auf ihrem Weg nach St. Peter-Ording das Katinger Watt, das heute ein bedeutendes Naturschutz- und Ausflugsgebiet ist, nachdem das eigentliche Watt durch den Bau des Eidersperrwerks und einen neuen Schutzdeich nach der Sturmflut von 1962 verlandet wurde. Die Züge passieren romantische Orte wie Kating, Garding und Tating, bevor sie (Bad) St. Peter Süd und schließlich die Endstelle St. Peter-Ording erreichen. Sie schaffen dies von Husum aus in gut 50 Minuten und bieten so eine attraktive Alternative zum Straßenverkehr. Nach dem jahrzehntelangen Einsatz von Akku-Triebwagen der Baureihe ETA 150 (515/815), die von 1957 bis 1984 in Husum

Eine zweiteilige Schienenbusgarnitur, bestehend aus einem Trieb- und Steuerwagen, pendelt am 30. November 1985 auf der Strecke Heide–Neumünster über die Grünenthaler Hochbrücke. Die einspurige Brücke wurde für den Autoverkehr mittels einer Schranke mit Lichtzeichenanlage gesperrt, sobald sich ein Zug näherte. Links im Bild ist bereits der Neubau zu sehen.

beheimatet waren, kamen in den 1980er-Jahren neue DB-Fahrzeuge der Baureihe 628.2 zum Einsatz. Mit der Ausschreibung der Strecke, die eine Grundsanierung und damit die Ermöglichung eines Stundentaktes vorsah, begann eine neue Ära des Bahnbetriebs, die recht erfolgreich von der NOB mit nagelneuen Fahrzeugen der Bauart LINT 41 durchgeführt wurde. Nach zehn Jahren kehrte die Deutsche Bahn am 11. Dezember 2011 als Betreiber des Zugverkehrs auch ihrerseits mit neuen Fahrzeugen der Reihe LINT 41 zurück und bedient heute die Strecke der RB 64 von Husum über Tönning nach St. Peter-Ording durch ihre Tochter, die Regionalbahn Schleswig-Holstein (RBSH).

Bis 1970 hatte es in Husum sogar eine Hafenbahn gegeben, die die Direktion Altona im Rahmen einer großen Stilllegungsaktion außer Betrieb gesetzt hatte.

Die ab den 1950er-Jahren beschafften Nahverkehrswaggons mit Edelstahlaufbau bekamen schnell den Namen „Silberling", weil sie nicht extra lackiert waren. Zwei derartige Fahrzeuge stehen hinter der Diesellok 212 027 im Juni 1984 in Büsum zur Fahrt nach Heide bereit.

Ein klassischer Nahverkehrszug der jungen Deutschen Bahn AG passiert am 21. August 1996 den „Posten 135". Teilweise sind die Fahrzeuge bereits in den „Produktfarben" lackiert, teilweise noch wie die „Silberlinge" im Originalzustand. Bis zur Ablösung der DB durch die Nord-Ostsee-Bahn waren diese Zuggarnituren zwischen Hamburg und Sylt im Einsatz.

Hochbetrieb im Juli 1995 in Heide: Während das Signal freie Fahrt für den Dieseltriebwagen der Baureihe 628 zeigt, steht ein Triebwagen der Altona-Kaltenkirchen-Neumünster Eisenbahn GmbH (AKN) für die Fahrt nach Neumünster bereit.

1984 wurden in den Eilzügen noch Expressgutwaggons befördert. Am 16. Juni 1984 hat die Diesellok 218 124 die Aufgabe übernommen. Das Bild entstand bei Friedrichstadt.

Die Diesellok 218 117 der Eisenbahn-Betriebsgesellschaft Neckar-Schwarzwald-Alb (NeSA) rangiert am 25. Oktober 2021 in Husum. Die Bahngesellschaft entstand aus den Eisenbahnfreunden Zollernbahn e. V. in Baden-Württemberg. Die Lok trägt die Lackierung der Citybahn Köln–Gummersbach, einem Pilotprojekt der Deutschen Bundesbahn in den 1980er-Jahren.

In ländlicher Idylle erreicht Dieseltriebwagen 628 509 in der Sylt-Shuttle-plus-Farbgebung gleich Bad St. Peter Süd. Das Bild entstand am 22. Juni 2016.

Von Husum nach Niebüll mit einem Abstecher nach Dagebüll

Husums großer Sohn Theodor Storm ist in der „grauen Stadt am Meer“ stets allgegenwärtig. Als die Eisenbahn Husum erreichte, war er jedoch nicht in der Stadt, die er als überzeugter Gegner der Beherrschung durch Dänemark hatte verlassen müssen. Im Frühjahr 1864 kam er dann zurück, und die Stadt war vermutlich immer noch grau. Doch die Nebel- und Sturmwolken wurden nun ergänzt durch den Qualm der durchfahrenden Dampfrösser, zu denen dem Schriftsteller wenig einfiel, wenn er auch feststellte: „Allerlei Seltsames war in der alten Stadt. In der alten, sage ich; denn seit der große Brand ihre Treppengiebel verzehrt und die Eisenbahn den Arm nach ihr ausgestreckt hat, ist sie jünger geworden, als sie es in meiner Jugend war.“ Und er nutzte auch das neue Fortbewegungsmittel, so zum Beispiel als er am Morgen des 2. September 1865 mit dem Zug in Minden ankam und die Frau des Eisenbahningenieurs Eduard Polko, die Sängerin und Dichterin Elise Polko, besuchte. Weit musste er nicht gehen, denn sie lebte mit ihrem Mann und einem Sohn in der ersten Etage des Bahnhofsgebäudes. Doch verfolgen wir diese, fast, Liebesgeschichte nicht weiter und schauen uns etwas genauer im Husumer Bahnhof um, von dem aus man recht schnell in die Altstadt kommt. Am malerischen Hafen wurde die frühere Werft in das neue Rathausgebäude integriert, sodass die Vergangenheit der Stadt als Ort des Schiffsbaus und des Handels sichtbar bleibt. Geht man nun am Hafen entlang, sieht man bald leicht erhöht die Bahnlinie und die eingleisige Klappbrücke.

Der heutige Bahnhof ist nicht identisch mit dem ersten Husumer Bahnhof, dem „Englischen Bahnhof“, der im Nordbereich am 1. April 1854 in Betrieb genommen wurde. Mit ihm war seit 1861 eine Pferdebahn zum Husumer Hafen und zur Werft verbunden, die im Dampfbetrieb bis 1972 genutzt wurde. Erst 1910 wurde der Bahnhof aufgrund der neuen Bahnlinie nach Kiel über Rendsburg neu gestaltet. Das Empfangsgebäude erinnert an ein typisches Herrenhaus aus dem 18. Jahrhundert. Der Bahnsteig an den Gleisen 1 und 3 hat eine Nutzlänge von 360 Metern und der Bahnsteig an den Gleisen 4 und 5 ist sogar 430 Meter lang. Leider wurde die imposante Bahnhofshalle 2001 abgerissen und durch normale Bahnsteigüberdachungen ersetzt. Die Züge nach Westerland und Hamburg verkehren dabei von den Gleisen 4 und 5, die Regionalzüge der RB 74 von und nach Kiel von den Gleisen 1 und 3 und die Regionalzüge der RB 64 von und nach St. Peter-Ording von den Gleisen 3 und 5. Alle Nahverkehrs-Relationen haben in Husum zur Minute 30 einen Taktknoten.

Als Eisenbahnknotenpunkt verfügte Husum über zwei Bahnbetriebswerke. Bis Ende der 1960er-Jahre gab es dort auch noch Dampflokomotiven.

Seit 2006 gibt es eine moderne Fahrzeughalle, mit der Husums Tradition als Betriebswerk fortgeführt wird. Hier wurden die Fahrzeuge der Nord-Ostsee-Bahn (NOB) gewartet. Die NOB gehörte zum französischen Veolia-Mischkonzern, der früher unter „Connex“ in Deutschland firmierte. Seit 2022 heißt diese Firma Transdev, die nach der verlorenen Ausschreibung der Verkehre auf der Marschbahn das Betriebswerk für die Instandhaltung von Fahrzeugen nutzt. Ab Dezember 2023 wird Husum zur „Batteriestation“, wenn der Betrieb auf den Strecken des

Akkunetzes Nord startet. In Heide wird eine neue Batteriefabrik des schwedischen Konzerns Northvol an der A23 mit eigenem Gleisanschluss entstehen.

Von der einst abzweigenden Strecke Husum–Löwenstedt–Flensburg-Weiche ist nicht mehr viel übriggeblieben. Nachdem man die Gleise in den 1970er-Jahren entfernt hatte, kann man die alte Trasse heute nur noch erahnen. Nach Eröffnung der Strecke 1926, die den Nordseehafen Husum mit dem Ostseehafen Flensburg verband, erfolgte deren Stilllegung bereits 1959.

Doch zurück zur Marschbahn. Unmittelbar nach der Ausfahrt aus dem Husumer Bahnhof folgt ein kurzer eingleisiger Streckenabschnitt bis Husum Nord über die bereits erwähnte einflügelige Klappbrücke am Übergang zwischen Binnen- und Außenhafen über die Husumer Au, die zu beiden Seiten zu Hafenanlagen ausgebaut ist. Im weiteren Streckenverlauf folgen die aufgelassenen Bahnhöfe von Hattstedt und Struckum, bevor der Zug durch Bredstedt fährt. Dort gab es von 1928 bis 1942 eine Stichstrecke bis nach Löwenstedt, von der heute nur noch der Wasserturm zu sehen ist.

Über den Haltepunkt Langenhorn (Schleswig) überquert die Strecke die Scholmer Au und führt bis zum alten Bahnhof von Stedesand, wo einst ein Militäranschluss der Bundeswehr Richtung Osten abzweigte. In nordwestlicher Richtung setzt sich der Streckenverlauf über die Lecker Au bis nach Lindholm fort. Dort zweigt östlich eine zweite Strecke nach Flensburg-Weiche ab, die zwar seit 1999 stillgelegt ist, deren Reaktivierung aber immer wieder gefordert wird. Sie könnte eine schnelle Alternative zur Marschbahn darstellen, da die Strecke Hamburg–Flensburg aufgrund ihres Ausbaus und der durchgehenden Elektrifizierung schnellere Fahrzeiten erlaubt.

In Niebüll ist die Norddeutsche Eisenbahngesellschaft Niebüll GmbH (NEG) tätig. Sie war seit September 2011 ein Unternehmen der luxemburgischen Staatsbahn, ist die nördlichste private Nebenbahn Deutschlands und gehört seit Februar 2022 mehrheitlich (74,9 Prozent) zur Railroad Development Corporation (RDC) mit Sitz in Pittsburgh/USA. Das Besondere an ihr ist, dass auf ihr als letzte Strecke in Deutschland noch IC-Kurswagen befördert werden. Die Kurswagen, in der Regel zwei Fahrzeuge pro IC, werden von den Schlepp-Triebwagen der NEG gezogen. Beigestellt wird außerdem ein spezieller Wagen, der für den notwendigen Strombedarf der Klimaanlage sorgt und früher nicht benötigt wurde. Erreicht wird Dagebüll von Niebüll aus übrigens mittels einer „Sägefahrt" quer über den Niebüller Bahnhofsvorplatz.

Nachdem man nach der Eröffnung der Marschbahn Elmshorn–Husum–Tondern die kleine Küstenstadt Dagebüll zunächst links liegen gelassen hatte, bestand mit der Gründung der Wyker-Dampfschiffsreederei 1885, die eine direkte Fährverbindung von Wyk auf Föhr nach Dagebüll anbot, nun doch Interesse, Dagebüll an die Marschbahn anzuschließen. Die Fahrt in einer holprigen Pferdekutsche sollte nicht mehr das zeitgemäße Mittel der Wahl darstellen. So initiierten die Ortschaften Wyk auf Föhr und Dagebüll zusammen mit der Provinz Schleswig-Holstein die Gründung der Kleinbahn Niebüll-Dagebüll OHG. Die Strecke wurde 1895 eröffnet und zunächst aus Kostengründen als Kleinbahn mit einer Spurweite von 1.000 Millimetern ausgeführt. Eine Feldbahn mit einer Spurweite von 600 Millimetern verband den Bahnhof von Dagebüll mit dem dortigen Hafen. Erst im Jahr 1926 nach dem Ende der Wirtschaftskrise und dem Eintritt des Deutschen Reiches und des preußischen Staats in die Kleinbahn Niebüll-Dagebüll AG baute

Eine Werkstatt für die Wartung von Reisezugwagen ist das Werk in Husum. 217 002 von der Firma Bahntouristikverkehr ist dorthin mit einem Leerzug unterwegs. Die Lok trägt die Lackierung der legendären 218 217, die als einzige Maschine ihrer Baureihe eine purpurrot-elfenbeinfarbene Lackierung erhalten hatte und heute im DB Museum Koblenz-Lützel hinterstellt ist.

man die 13,8 Kilometer lange Strecke dann auf Normalspur um. Aktuell plant die NEG die Elektrifizierung der Strecke, wie Sie am Ende des ersten Kapitels lesen konnten.

Der Aufschwung brachte auch lange Fernreisezüge in den 1930er-Jahren mit bis zu zehn Schnellzugwagen mit sich, die bis zum Hafen von Dagebüll Mole durchfahren konnten. Im Jahr 1964 brachte man die Bahn in die Nordfriesische Verkehrsbetriebe AG (NVAG) ein. Eine erhebliche Fahrplanvereinfachung brachte die Tatsache mit sich, dass die Schiffe seit 1971 unabhängig von den Gezeiten verkehren konnten. Seit 1999 findet mit Ausnahme von ein paar Holzzügen nur noch Personenverkehr auf der Strecke statt. Nachdem die NVAG im Jahr 2003 Insolvenz anmelden musste, kam es zu einer Übernahme durch die NEG, welche heute zu 74,9 Prozent RDC und zu 25,1 Prozent CFL gehört. Die Strecke wurde abschnittweise saniert, ist für eine Geschwindigkeit von 80 km/h ausgelegt und wird in den Sommermonaten stündlich bedient. Besondere Aufmerksamkeit fand der Dampflokeinsatz vor Planzügen vor einigen Jahren.

Von Dagebüll-Hafen aus führt übrigens eine interessante Halligbahn über Oland nach Langeneß durch das nordfriesische Wattenmeer. Es handelt sich dabei offiziell um eine Feldbahn des Landesamtes für Küstenschutz, Naturpark und Meeresschutz.

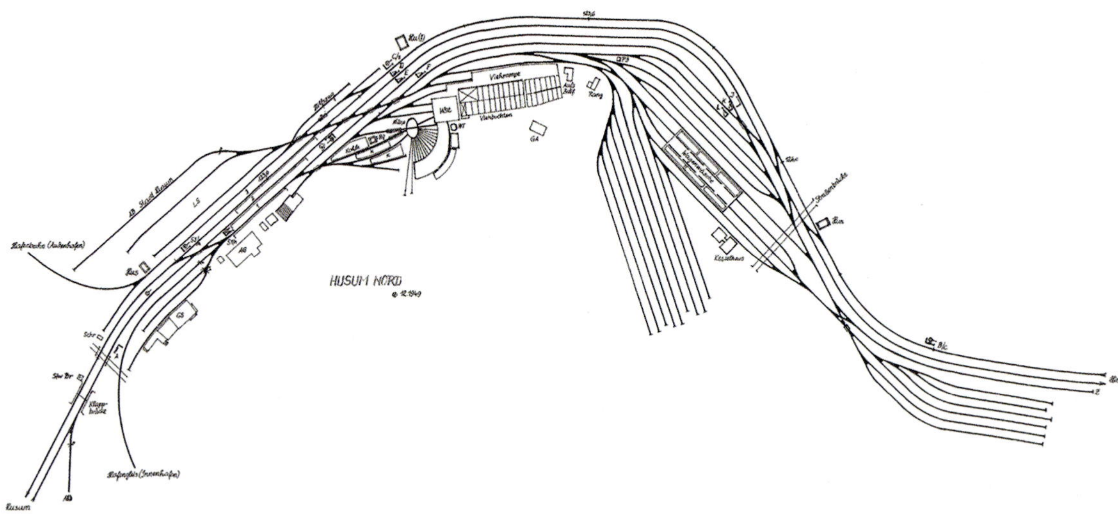

Der Gleisplan von Husum Nord von 1949 dokumentiert die Bedeutung des Eisenbahnverkehrs in der Region. Inzwischen spielt die Marschbahn im Güterverkehr kaum mehr eine Rolle, wenn man von Umleitungszügen absieht.

Der Triebwagen T3 der Nordfriesischen Verkehrsbetriebe AG (NVAG) überquert mit mehreren Kurswagen am 27. August 1981 den Bahnhofsvorplatz in Niebüll, um sich auf den Weg nach Dagebüll zu machen. 2003 musste die Bahn Insolvenz anmelden. Die NEG übernahm daraufhin den Betrieb.

Immer wieder wird die Marschbahn trotz fehlender Elektrifizierung für umgeleitete Güterzüge genutzt. Am 3. August 2014 hat 232 669 zusammen mit 232 259 den Bahnhof Husum Nord in nördlicher Richtung mit einem Containerzug nach Dänemark verlassen.

Die DB bekam Konkurrenz beim Transport von Autos über den Hindenburgdamm durch die Bahngesellschaft RDC. Die Kapazitäten auf dem Hindenburgdamm sind begrenzt. Züge mit einem längeren Laufweg haben vor den reinen Shuttle-Zügen Vorrang. So verlängerte die DB einzelne Züge, wie den D 1411 bis Bredstedt. Am 10. September 2016 fährt dieser bei Risum-Lindholm.

Zwischen Dagebüll Mole und Niebüll waren in den vergangenen Jahren in der Urlaubshauptsaison historische Eisenbahnfahrzeuge im Regelbetrieb im Einsatz. Am 22. Juli 2012 obliegt der V 200 007 diese Aufgabe. Die Lok wird vom Verein Historische Eisenbahnfahrzeuge Lübeck e. V. unterhalten und gepflegt und stammt aus dem Jahr 1956.

Eines der vielen Ziele für Eisenbahnfreunde entlang der Marschbahn ist die Halligbahn von Dagebüll nach Oland und Langeneß. Die Feldbahn mit einer Spurweite von 900 Millimetern dient neben den Arbeiten zum Küstenschutz auch der Versorgung der Anwohner. Übernachtungsgästen der Halliginseln ist die Mitfahrt erlaubt. Das Foto entstand am 23. Juni 2016.

Von Niebüll durch das Wattenmeer nach Westerland oder Tondern in Dänemark

Niebüll ist ein strategisch wichtiger Knotenpunkt für den Eisenbahnverkehr. Hier halten die Intercity-Züge des Fernverkehrs zum letzten Mal auf dem Festland und setzen dabei sogar Kurswagen für die Nebenstrecke nach Dagebüll aus. Und hier zweigt auch die Nebenstrecke ins dänische Esbjerg ab. Vor allem ist Niebüll aber der Startpunkt der Autozüge nach Sylt.

Der Bahnhof Niebüll besitzt mehrere Gleise, von denen aber nur vier über einen Bahnsteig zugänglich sind. Von Gleis 1 aus verkehren die Regionalzüge von und nach Westerland sowie die D-Züge im Rahmen des Angebots Sylt Shuttle plus (SSP), die von Husum oder Bredstedt aus kommend auf Gleis 1 einfahren und dann an den Sylt Shuttle der DB angekuppelt werden. An Gleis 1 existiert noch ein Hausbahnsteig, der für Reisende nicht mehr zugänglich ist, der allerdings bis 1981 für die Grenzabfertigung der Züge von und nach Dänemark genutzt worden ist. Gleis 2 ist für die RE- sowie die IC-Züge von Westerland nach Hamburg reserviert, die hier um die Kurswagen von Dagebüll ergänzt werden. Von Gleis 3 aus kann man in den IC oder RE nach Westerland einsteigen. Die Intercity-Züge setzen hier die Kurswagen nach Dagebüll aus. Auf Gleis 4 verkehren die D-Züge (SSP), die von Westerland kommend von den Autozügen abgekoppelt werden, um vom Bahnsteig aus bis nach Bredstedt oder Husum weiterzufahren. Ebenfalls von Gleis 4 verkehrt die Regionalbahn 66 über Tondern nach Esbjerg. Weitere Gleise dienen vor allem dem Autozugverkehr des südlich angrenzenden Verladeterminals. Das Betriebswerk Niebüll löste das Bahnbetriebswerk in Husum ab, nachdem die NOB die Werkstatt übernommen hatte.

Bis zum Fahrplanwechsel 1981 bestanden von Niebüll ausgehend Zugverbindungen bis nach Flensburg. Seither wird die in Lindholm abzweigende Strecke nur noch selten genutzt – in Teilen als Draisinenstrecke. Jedoch gibt es regelmäßig Spekulationen und teilweise auch konkrete Bestrebungen für eine Wiederaufnahme des Personen- und Gütertransports auf dieser Ost-West-Trasse.

Von Niebüll aus führt die Strecke der Marschbahn in nordwestlicher Richtung über Lehnshallig (Ausweichstelle) und Emmelsbüll und durch die Wiedingharde gen Nordsee. Die Strecke ist bis zum letzten Haltepunkt auf dem nordfriesischen Festland Klanxbüll eingleisig. Kurz danach beginnt der Hindenburgdamm, der Sylt mit dem Festland verbindet. Ungefähr in der Mitte des Damms befindet sich die Blockstelle Hindenburgdamm (HDM, Spitzname „Villa Meeresblick"), deren Personal in der Vergangenheit bei Betriebshalten von Planzügen abgesetzt oder aufgenommen wurde. Seit dem Jahr 1996 wird sie als selbsttätiger Streckenblock ohne Personal betrieben. Durch das Wattenmeer führt die Strecke bis nach Sylt, der nördlichsten der Nordfriesischen Inseln. Über Morsum (von hier aus eingleisig) und Keitum geht es weiter bis nach Westerland, dem berühmten Endpunkt der Strecke. Hier nimmt ein Kopfbahnhof die Reisenden an fünf Bahnsteiggleisen auf und hier können die Autos der Autozüge entladen werden.

Die Nebenstrecke ins dänische Esbjerg führt heute über Süderlügum, Tondern und Bramming. Der Abschnitt Niebüll–Tondern wurde bereits im Jahr 1887 von der GEEG

An der Ausweichstelle Lehnshallig kreuzen am frühen Morgen des 12. Februar 2021 zwei RE-Züge. Der entgegenkommende Zug besteht aus den Dieseltriebwagen der Baureihe 628 des Sylt Shuttle plus, die eine ausgefallene planmäßige Garnitur ersetzen. Noch immer beherrscht die Signaltechnik der 1930er-Jahre mit Formsignalen viele Abschnitte der Marschbahn.

(Jernbanegade 8) fertiggestellt. Von 1892 an bestand hier eine durchgehende Verbindung von Elmshorn weiter bis nach Hoyer Schleuse, wo früher die Schiffe nach Sylt starteten. Diese alte Streckenführung der Marschbahn verlor ihre Bedeutung mit der Abtretung der Ländereien an Dänemark 1920 und der Eröffnung des Hindenburgdamms 1927. Das zweite Streckengleis wurde abgebaut und die Strecke zur Nebenbahn heruntergestuft. Nachdem die Deutsche Bundesbahn den Personenverkehr Ende Mai 1980 eingestellt hatte, fand bis Mitte August 1999 noch Güterverkehr auf der Strecke bis nach Süderlügum statt. Ein Jahr später gab es erste Bestrebungen zur Reaktivierung des Verkehrs auf der Strecke. So luden die damalige Nordfriesische Verkehrsbetriebe AG (NVAG) und die Organisatoren des „Challenge Day" Vertreter aus Politik und Wirtschaft zu einer Probefahrt von Tondern nach Niebüll ein. Daraufhin startete ein Jahr später ein zweistündiger Regelbetrieb auf der Strecke, der von der NVAG durchgeführt wurde. Nachdem auf dänischer Seite die Strecke umfangreich saniert worden war, konnte der Triebwagen NE 81 der NOB im Auftrag der NEG ganzjährig auf der Strecke verkehren, die die Rechte an der Strecke mittlerweile von der insolventen NVAG übernommen hatte. Seit dem 12. Dezember 2010 werden die Züge der RB 66 von Arriva Danmark, einem Tochterunternehmen der Deutschen Bahn, von Tondern aus weiter bis nach Niebüll betrieben, womit eine durchgehende Verbindung von Niebüll bis Esbjerg besteht. Eingesetzt werden dabei Dieseltriebwagen LINT 41 der Baureihe 648. Durch Umleiterzüge kam es in den letzten Jahren auch gelegentlich zu Güterverkehr auf der Strecke.

Der ehemalige Wasserturm von Niebüll wird als „Ein-Zimmer-Hotel" vermarktet. Am 13. September 2015 kann man von dort aus den VT 71 der NEG beobachten, der gerade die Kurswagen an den IC in Richtung Hamburg rangiert. Auf Gleis 3 steht ein RE mit der Diesellok 223 011 nach Westerland bereit. Infos zum Wasserturm erhält man unter: www.inselhotel.de.

Im Rahmen von Ersatzverkehren für ausgefallene Zuggarnituren kommen regelmäßig ortsuntypische Fahrzeuge auf die Marschbahn. Die drei Dieseltriebwagen VT 704, VT 701 und VT 705 der NordWest-Bahn erreichen am 10. Dezember 2016 von Westerland aus kommend den Bahnhof Niebüll.

Im Werk Niebüll warten am 13. August 2022 diverse Dieselloks der Baureihen 218 und 245 in unterschiedlichen Lackierungsvarianten auf ihre nächsten Einsätze.

Nun machen wir einen Abstecher nach Dänemark. Die Marschbahn führt von Niebüll ursprünglich weiter nach Tondern und Esbjerg. Die Strecke gehört zum Nato-Grundnetz, war aber bis 1997 ohne Verkehr. Inzwischen fahren wieder Personenzüge und die Anzahl der Züge soll weiter ausgebaut werden. Das Foto entstand am 13. August 2013 in Esbjerg.

In Langenhorn warten die beiden Mietlokomotiven 218 054 und 055 der privaten Pressnitztalbahn mit ihrem IC aus Westerland auf die Weiterfahrt. Die Pressnitztalbahn hat das Lackierungsschema ihrer Maschinen exakt von der DB AG übernommen und nur das Verkehrsrot gegen Blau getauscht.

Am 29. Mai 2014 begegnen sich zwei Züge in Klanxbüll. Der Autozug muss auf die Kreuzung mit dem IC warten, weil der folgende Streckenabschnitt noch immer eingleisig ist.

Auffällig ist die Lackierung der führenden der beiden 218 vor ihrem IC. Die zu DB Fahrzeuginstandhaltung (FZI) gehörende 218 497 ist mit einer speziellen Lackierung versehen, die die Geschichte des Werkes Cottbus von der Dampflokaufarbeitung zum modernsten Werk für die schwere Instandhaltung des ICE symbolisiert. Das Bild entstand am 18. April 2022.

Westerland: Ende der Strecke und Beginn des Urlaubs

Der Bahnhof von Westerland oder Weesterlön/Söl, wie die Friesen sagen, ist ein Kopfbahnhof am Beginn der Westerländer Innenstadt. Von hier aus kann man über die Friedrichstraße, die Haupteinkaufsstraße, in rund zehn Minuten zu Fuß das Meer erreichen. Der Bahnhof wurde im Juni 1927 zusammen mit dem Hindenburgdamm eröffnet, um Reisenden nach der deutsch-dänischen Grenzverschiebung in Richtung Süden eine zweimalige Grenzüberschreitung zwischen Deutschland und Dänemark zu ersparen, die bislang mit dem Schiff über Hoyer Schleuse nach Munkmarsch gereist waren. Westerland ist somit seitdem der nördliche Endpunkt der Marschbahn.

Der Bahnhof von Westerland verfügt in unmittelbarer Nähe zum Bahnhofsgebäude über sechs Gleise, von denen vier an zwei Mittelbahnsteigen liegen. An Gleis 1 beginnen und enden die Intercity-Züge, da der Bahnsteig dort am längsten ist. Dort und an den Bahnsteigen der Gleise 2 und 3 beginnen und enden auch die Regionalzüge nach Hamburg. Auf Gleis 4 starten und enden die D-Züge des SSP, die nach Aufnahme der Fahrgäste an die Autozüge der DB angekuppelt werden bzw. nach deren Ankunft von diesen abgekoppelt werden, um die Fahrgäste am Bahnsteig aussteigen zu lassen. Von Gleis 5 aus, das neben Gleis 4 liegt, starten die Autozüge zum Festland. Hier ist die Verladeanlage zu finden, deren Einfahrt im Juli 2019 um zwölf Meter verbreitert worden ist, damit PKW und LKW zeitgleich in die Anlage einfahren können. Auf Gleis 7, das direkt neben Gleis 1 zu finden ist, enden die Autozüge vom Festland und entladen hier die mitgeführten Fahrzeuge. Es ist in der Vergangenheit schon mehrfach über eine Verlegung der Verladeanlage – etwa nach Tinnum – diskutiert worden, um das „Verkehrschaos“ beim Entladen der ankommenden Autozüge abzumildern und die bahnhofsnahen Flächen anders nutzen zu können.

Der Westerländer Bahnhof ist auch Dreh- und Angelpunkt des öffentlichen Nahverkehrs auf Sylt. Von Westerland beträgt die Entfernung zu allen Enden der Insel im Norden, Süden und Osten jeweils rund 17 Kilometer. Bis 1970 befand sich an der Stelle des heutigen Busbahnhofs die Haltestelle Westerland Bundesbahnhof der Sylter Inselbahn.

Im Südosten des Bahnhofs befinden sich ein kleiner Güterbahnhof sowie ein kleines Bahnbetriebswerk mit Drehscheibe (nicht mehr genutzt) und eine Dieseltankstelle. Als Besonderheit gilt der Gleisanschluss zur Firma Lidl; ein weiterer Anschluss, der aber nicht mehr genutzt wird, führt zum Kaufhaus Stolz unweit von Lidl. Darüber hinaus besitzt der Flughafen Sylt einen eigenen Bahnanschluss, der gelegentlich für den Umschlag von Gütern genutzt wird. Dem Bahnhof vorgelagert sind Abstellgleise für Waggons und ganze Züge.

Das Empfangsgebäude aus Oldenburger Klinker, das seit 1986 unter Denkmalschutz steht, galt bei seiner Fertigstellung 1927 als das größte und modernste an der schleswig-holsteinischen Westküste. Architekturgeschichtlich ist es dem Heimatstil zuzurechnen. Mit Krüppelwalmdächern und zwei Seitenflügeln zum Vorplatz erinnert es an schleswig-holsteinische Guts- und Bauernhäuser. Ebenso wie der zur Bahnhofsanlage gehörige, gleichzeitig errichtete Lokschuppen mit Wasserturm wurde das Empfangsgebäude aufgrund schwieriger Bodenverhältnisse auf Holzpfählen gegründet.

Am 1. September 2018 erreicht ein Regionalexpress der Linie 6 mit gleich zwei Loks der Baureihe 245 den Bahnhof von Westerland auf Gleis 3.

Die beiden Dieselloks 218 054 und 218 055 der Pressnitztalbahn erreichen am 8. Juni 2020 mit dem IC 2310 aus Frankfurt am Main den Endbahnhof Westerland auf Gleis 1.

Blick in den vierständigen Lokschuppen des Bw Westerland mit den Lokomotiven 218 102 und 161 am 20. August 1988. Inzwischen steht das Gebäude leer und ist mit einem Bauzaun abgesperrt. Es gehört jedoch zu den Kulturdenkmälern auf Sylt und wartet auf eine neue Nutzung.

Am Vormittag des 11. Mai 2019 beschleunigen RPRS 218 490 und 480 einen voll besetzten Sylt Shuttle aus Westerland in Höhe der Abstellgleise in Tinnum, wo diverse Auto- und Personenzüge auf ihren nächsten Einsatz warten. Rechts im Bild, hinter dem Prellbock, führt ein kurzer Gleisanschuss zu Lidl.

3

Fern- und Regionalverkehr auf der Marschbahn

Fernreisen – löst nicht allein der Begriff schon eine Fülle von Gefühlen aus und lädt zum Träumen ein? Als Kinder standen wir am Bahngleis und schauten den vorbeirasenden Fernzügen nach, die große Städte wie München, Hamburg und Berlin zum Ziel hatten oder zu unbekannten Ferienzielen führten: Oberstdorf, Kufstein – und eben auch Westerland! Dabei war und ist die Marschbahn keine klassische Fernverbindung. Die meisten Züge starten und enden in Hamburg. Heute haben nur Intercity-Züge längere Laufwege. Und in den 1960er- und 1970er-Jahren boten nur die Sommermonate mehrere echte Fernverbindungen an. Kein Wunder, denn die Nordseeküste war vorrangig ein Ziel für Sommerurlauber.

Am 24. September 2006 passieren 218 320 („Lotte") und 362 mit dem Autozug Dortmund–Westerland den Hindenburgdamm. 218 320 war mit ihrem ozeanblauen Dach ein Exot. Unter dem Dach der DB Autozug GmbH betrieb die DB von 1997 bis 2013 Nacht- und Autozüge. 2016 wurde der Betrieb bis auf den Verkehr über den Hindenburgdamm deutschlandweit eingestellt.

Hochklassiger Fernverkehr nach Sylt

1887 verkehrten im Sommerfahrplan schon drei tägliche durchgehende Zugpaare zwischen Elmshorn und Tondern – zwei Personenzüge und ein gemischter Zug. Heute sieht es etwas anders aus: Die Deutsche Bahn bedient die Strecke mehrmals täglich mit IC-Zügen, die über Hamburg Hauptbahnhof und Hamburg-Dammtor verkehren. Der Kopfbahnhof Altona wird nicht (mehr) angefahren. Die Verbindungen führen ins Ruhrgebiet und weiter nach Köln und Frankfurt. Über Hamburg geht es nach Berlin und Dresden. Sehr interessant sind die bereits oben erwähnten Kurswagen, die im Sommer über Niebüll nach Dagebüll laufen.

Während des Sommerfahrplanes 2014 fuhr der Hamburg-Köln-Express (HKX), der normalerweise in Hamburg endete, weiter bis nach Sylt. HKX entstand 2009 als Joint Venture zwischen der RDC Deutschland (Anteil 75 Prozent), Locomore GmbH & Co. KG (17,5 Prozent) und dem britisch-kanadischen Eisenbahninvestor Michael Schabas (7,5 Prozent). Mittlerweile ist aus HKX „Flixtrain" geworden. Der Betrieb für Flixmobility erfolgt dabei durch RDC Deutschland.

Im Sommer und Herbst verkehrt üblicherweise der Alpen-Sylt-Nachtexpress auf der Strecke, der bislang viermal wöchentlich (zwei Zugpaare) Salzburg und Konstanz über Göttingen, Hannover und Hamburg mit Sylt verbunden hat. Die beiden Zugteile wurden dabei bislang in Gemünden zu einem Zug vereint. Ab 2022 startete ein Teil des Alpen-Sylt-Nachtexpresses wieder in Salzburg, während der andere seine Fahrt vom Badischen Bahnhof in Basel begann. Die Flügelung der Züge fand in Bebra und der Lokwechsel von Elektro- auf Dieseltraktion in Itzehoe statt, sodass Hamburg-Altona umfahren wurde. Mit durchgängig vier Fahrten pro Woche sollte das Angebot bis Oktober bestehen. Doch schweren Herzens entschied sich die Gesellschaft, die Saison früher zu beenden und alle Fahrten ab 29. Juli 2022 abzusagen. Sie sei mit Rahmenbedingungen konfrontiert worden, die das Angebot des Nachtzuges in der erwarteten Qualität und Zuverlässigkeit nicht mehr ermögliche, hieß es auf der Homepage nachtexpress.de. Als Gründe wurden „präzedenzlose und unabwendbare Lieferkettenstörungen der Bahnindustrie" genannt, die zu Lieferverspätungen beim Wagenmaterial geführt hätten, sowie extreme Kostensteigerungen bei den Strompreisen.

Mit der Bahnreform der 1990er-Jahre wurde der Fernverkehr zu einem Geschäft, das die Bahn aus eigener Kraft finanzieren musste, während der Regionalverkehr mit öffentlichen Mitteln gefördert wurde. Damit steht Gewinnorientierung im Vordergrund: IC und ICE heißen nun die Premiumprodukte, die den weniger profitablen, aber beliebten Interregio dort ersetzten, wo es sich finanziell lohnte, diese Leistungen jedoch dem Regionalverkehr überließen, wenn zwar Schienenverkehr gewünscht, aber nicht gewinnträchtig war.

Seit dem Sommerfahrplan 1978 profitiert die Marschbahn von einem modernen Verkehrskonzept, das Taktfahrpläne und Züge mit der 1. und 2. Wagenklasse vorsieht.

Schon kurz darauf wurden IC-Züge im Zwei-Stunden-Takt über die Marschbahn geführt, die nun im Stundentakt von Fern- und Regionalzügen bedient wurde. Nachdem 2002 eine bundesweite Marktanpassung des DB-Fernverkehrs vorgenommen worden war, wurde das IC-Angebot auf der Marschbahn auf nur noch vier Züge in der Sommersaison (Winter: drei Züge) reduziert. Die früheren „Super-Eilzüge", die zwischen Hamburg und Heide nirgendwo planmäßig hielten, hießen jetzt Regional-Express und erhielten einige Halte mehr. Sie verkehrten dafür im Stundentakt, außer wenn es in gleicher Fahrplanlage einen IC gab.

Auf der Marschbahn koexistieren deshalb mit IC- und Regionalzügen heute zwei hochwertige Verkehrsangebote mit vergleichbarer Leistung nebeneinander, wobei die gut ausgestatteten und flotten Regionalzüge Aufgaben des Fernverkehrs übernehmen. Das war nicht immer so. In den Zeiten der Reichsbahn und auch in den Glanzzeiten der DB unterschieden sich F- und D-Züge hinsichtlich Geschwindigkeit und Komfort deutlich von E- und N-Zügen. Ein Beispiel von der Marschbahn im Sommer 1969 kann dies verdeutlichen: Da verließ der D 139 freitags Hamburg-Altona um 17.16 Uhr und brauste in nur zwei Stunden und 27 Minuten nach Westerland. Ein Eilzug brauchte mit vielen Halten mehr als eine Stunde länger. Durchgängige Nahverkehrszüge waren schwer zu finden. Wir machen uns fast eineinhalb Stunden vor dem Schnellzug mit dem E 2711 auf den Weg, werden in Heide von dem D-Zug überholt und sind dann eineinhalb Stunden nach ihm nach mehr als fünf Stunden am Ziel! Bleiben wir doch noch beim legendären „Summer of ´69": Da erreichte auch ein richtiger Langstrecken-Schnellzug die Ferieninsel Sylt. Der D 475 machte sich von Basel aus über Frankfurt, Hannover und Hamburg auf den Weg nach Westerland. Ohne umzusteigen, konnte man das Ferienparadies dann schon am Vormittag erreichen. Und sogar für Autofahrer gab es ein Langstreckenangebot: Mit der Ankündigung „Neu" ging es von Köln-Deutz über Düsseldorf in einer Nachtverbindung auf die 714 Kilometer lange Strecke nach Westerland.

Wer aktuell von Hamburg aus ohne Umstieg nach Sylt aufbricht, muss entweder den Regionalexpress RE 6 ab Hamburg-Altona oder den Intercity ab Hamburg Hbf nutzen. In beiden Fällen ist die Fahrzeit mit etwa 3:25 bzw. 3:16 Stunden recht lang. In Itzehoe, Husum oder Niebüll kann es zu planmäßigen Aufenthalten von etwa 20 Minuten kommen. Fahrzeiten von unter drei Stunden sind damit Geschichte und uns erstaunt ein Zeitsprung von über 60 Jahren in den Sommer 1963, als der D 135 um 8.45 Uhr ohne Halt bis Husum fuhr und bereits nach drei Stunden und vier Minuten am Ziel war. Dampflokfreunde malen sich gerne aus, wie Anfang der 1970er-Jahre ölgefeuerte 012er in Zweidreiviertelstunden über die Marschbahn donnerten und Sylt mit Hamburg verbanden. Doch das waren Ausnahmen. In der Regel musste man für Schnell- und häufiger haltende Eilzüge dreieinhalb bis vier Stunden einplanen. Der Übergang zur Dieseltraktion stellte die DB hinsichtlich der Geschwindigkeit schwerer Züge durchaus vor Probleme, was zu einzelnen Fahrzeitverlängerungen führte.

Blicken wir kurz auf besondere Zugeinsätze in der Geschichte der Bahn zurück: So erreichte beispielsweise der D 4 in den späten 1920er-Jahren Westerland direkt vom Lehrter Bahnhof in Berlin aus. Preußische S 10.1 (Reichsbahn-Baureihe 17.10) führten diese und ähnliche Züge, während Personenzüge bis in die 1930er-Jahre von preußischen P 4.2 und dann natürlich von der überall bewährten P 8 befördert wurden, die von den Betriebswerken Flensburg und Husum aus ihren Dienst versahen. Eine echte Besonderheit stellte in dieser Zeit der Einsatz von vier Badischen IV h (Baureihe 18.3) Lokomotiven von Altona aus im regulären Schnellzugdienst dar.

Die Baureihe 03 war allerdings lange die Marschbahn-Lok schlechthin. Sie beförderte jeden planmäßigen D- und Eilzug. Lediglich die Reisebürozüge und die sonntäglichen Verwaltungszüge wurden von Loks der Baureihe 41 gezogen. Im Sommer 1968 beheimatete das Betriebswerk Hamburg-Altona noch zwölf Lokomotiven der Baureihe 03. Die zur gleichen Zeit vorhandenen ölgefeuerten 01.10, insgesamt elf Maschinen, kamen zwar auch vor einzelnen Zügen nach Westerland zum Einsatz, bedienten aber vorwiegend die „Rollbahn" nach Osnabrück. Das änderte sich zum Winterfahrplan mit der Aufnahme des elektrischen Betriebs, sodass weitere zehn Loks der Baureihe von Osnabrück nach Altona gelangten. Dort ersetzten sie die 03er, die aber noch für etwas mehr als ein Jahr insbesondere in den Sommermonaten aushelfen mussten. 1970 musste sogar 01 227, eine Kohlelok mit Neubaukessel, in Hamburg für fehlende Ölloks einspringen. 1961 begannen die ersten Großdieselloks der Baureihe V 200 die Dampflokomotiven vor Personenzügen abzulösen und kamen neben 01.10 und 03 zum Einsatz. Deshalb kamen die 03er schon damals eher sporadisch bis nach Westerland.

Da die Elektrifizierung in Schleswig-Holstein erst in den 1990er-Jahren begann, war der Maschinendienst ganz auf Dieseltraktion ausgerichtet. Der Strukturwandel lässt sich sehr schön an den Lokbeständen der Betriebswerke, die hauptsächlich für die Bespannung der Züge auf der Marschbahn und der von ihr abzweigenden Strecken zuständig waren, zeigen.

Die folgenden Daten stammen aus dem Jahr 1966. Zu der Zeit waren beim Betriebswerk Hamburg-Altona über 150 Lokomotiven und Triebwagen beheimatet. Darunter waren noch 30 Dampflokomotiven der Baureihen 03 und 78. 24 Lokomotiven der Diesellokreihe V 200, darunter sechs verstärkte V 200.1 und etliche V 100 zeigten die Richtung der Entwicklung. In Lübeck, dem Diesellok-Betriebswerk schlechthin, hatten die Dampfloks schon ausgedient. Dafür brummten von diesem Betriebswerk aus 15 V 200.1, 17 V 160 (darunter alle „Lollos", also die Vorauslokomotiven V 160 001-009) und 19 V 100 durch die flache Küstenlandschaft. Auch in Flensburg waren schon einige Dieselloks beheimatet, doch für den Güterverkehr waren noch fast 50 Dampfer der Baureihen 41 und 50 vorhanden, die auf der Marschbahn eingesetzt wurden.

Fernverkehr über die Marschbahn wird in älteren Kursbüchern unter der Bezeichnung A1 geführt: Hamburg–Tondern–Esbjerg. Doch schaut man in den Fahrplan, findet man im Sommer 1969 neben Kurswagen in nur zwei Eilzügen lediglich vier Personenzüge zwischen Esbjerg und Tondern. Die Lücke nach Niebüll füllt ein Bus, der auch nicht öfter fuhr. Im Winter 1970/71 gab es die Eilzüge nicht. Das klingt unter der Überschrift „Fernverbindungen mit dem Ausland" im Kursbuch dann doch sehr bescheiden. Es blieb noch einige Jahre dabei, dass grenzüberschreitend nach Tondern und weiter nach Esbjerg nur noch saisonal einige Personenzüge aus einzelnen Kurswagen von Hamburg aus verkehrten, bis diese Züge 1981 seitens der Bundesbahn aufgegeben wurden. Grenzüberschreitend verkehrten bis zu der im Jahr 2000 erfolgenden Reaktivierung zwischen Niebüll und Tondern nur wenige Sonderzüge.

Einmal Lokführer sein

Ein Highlight für Daniel, an das er immer wieder gerne zurückdenkt, war sein Einsatz als „Lokführer" auf der Marschbahn. Und das kam so: Daniel war im Herbst 1994 mit seinen Eltern und seinem Bruder im IC 822 „Nordfriesland" auf dem Weg nach Sylt. In Hamburg-Altona traute er sich ans vordere Zugende zur Lok und fragte den Lokführer, ob er vorne mitfahren dürfe. Zu seiner Freude kannte er diesen bereits von einem weiteren Urlaub auf Sylt einige Monate zuvor. Damals war es nicht besonders schwierig auf der Lok mitfahren zu dürfen – heute in Zeiten von Terroranschlägen und Corona undenkbar! Nach einer angeregten Unterhaltung fragte der Lokführer Daniel, ob er den Zug nicht selbst fahren wolle. So erfüllte sich ein Kindheitstraum, und Daniel durfte die beiden 218er mit den rund 700 Fahrgästen in den angehängten Wagen bis vor den Prellbock von Gleis 1 in Westerland steuern, selbstverständlich unter fachkundiger Anleitung des Berufslokführers. Bis heute fasziniert ihn der Startvorgang und das immer lauter werdende Wummern der beiden Motoren, die beim Hochschalten lautstark in seinem Rücken ihre Kraft entfalteten.

Autor Daniel Michalsky betätigt sich als junger „Lokführer" des IC 822 „Nordfriesland" im Herbst 1994. Nachdem es in den 1990er-Jahren noch keine Zugausfälle gab, kann seine Arbeit gar nicht so schlecht gewesen sein.

Mit dem D-Zug 1331 passieren 218 188 und 176 am 7. Juli 1985 Klanxbüll, den letzten Bahnhof auf dem Festland, bevor der Hindenburgdamm beginnt. Nur für wenige Jahre wurden die D-Züge durch die Zuggattung Interregio abgelöst. Aber auch diese sind seit 2003 Geschichte, was von vielen Bahnfahrern bis heute (20 Jahre später) bedauert wird.

Ein ICE mit Dieselantrieb (ICE-TD) kam nie planmäßig auf die Marschbahn. Die Fahrzeuge wurden inzwischen größtenteils ausgemustert und verschrottet, weil sie störanfällig waren. Hier sehen wir am 3. November 2014 im Nachschuss 605 010 und 010 als Ersatz für den lokbespannten IC 2072 am Bahnübergang Dreieckskoog auf dem Weg nach Sylt. Beide Triebzüge tragen das Logo der Dänischen Staatsbahn (DSB), da sie von 2007 bis 2017 planmäßig auf der Vogelfluglinie eingesetzt wurden.

Die Dieselloks 218 389 und 307 beschleunigen am 15. Juni 2020 den IC 2374 von Karlsruhe nach Westerland aus dem Bahnhof Heide (Holst.). Die Dynamik des Bildes entsteht vor allem durch die schwarzen Rauchfahnen, die aus den V-förmigen Abgashutzen in die Luft geblasen werden.

218 171 und 108 haben am 7. Juli 1985 die Aufgabe, den aus zwölf Waggons gebildeten IC 630 „Theodor Storm" von Hamburg-Altona nach Westerland zu bringen. Der Zug ist zuvor von einer Ellok der Baureihe 103 von Frankfurt am Main über das Ruhrgebiet dorthin gezogen worden.

Die Ellok, die normal in Itzehoe gegen Dieselloks getauscht wird, ist am 21. September 2020 mit nach Sylt gefahren. Grund dafür war, dass die Bremse am letzten Waggon ausgefallen war. Das letzte Fahrzeug im Zugverband muss jedoch gebremst sein. Diese Aufgabe übernahm die Lok. Auf der Rückfahrt läuft die Maschine an dritter Stelle an der Zugspitze.

Im Winter 2021 trafen zwei Probleme zusammen: Überfüllte Pendlerzüge nach Sylt und Pandemie! Um die Situation zu entschärfen, bestellte das Land Schleswig-Holstein bei RDC einen zusätzlichen Zug, der auf ungenutzten Autozug-Sylt-Trassen fahren konnte. Am 12. Februar 2021 zog die ehemalige Reichsbahn-Lok 232 238 diesen Zusatzzug.

Der Dieseltriebwagen VT 505 der NEG hat mit dem Generatorwagen für die Heizung und Klimaanlage die beiden Kurswagen inklusive des Steuerwagens von Dagebüll im Bahnhof Niebüll an den IC aus Westerland rangiert. Der Zug kann nun seine Fahrt in Richtung Hamburg nach einer kurzen Pause fortsetzen.

Am 24. Juli 2021 ist der Alpen-Sylt-Nachtexpress gleich mit zwei Großdieselloks der Baureihe 251 bespannt. Die führende Lok trägt dabei die bekannte Kinderland-Lackierung. Früher waren diese Maschinen vor den Regionalexpresszügen zwischen Hamburg-Altona und Westerland für die Nord-Ostsee-Bahn im Einsatz.

Regionalverkehr mit abwechslungsreichen Zugkompositionen

Von Regionalverkehr im heutigen Sinne kann man vor der Bahnreform der 1990er-Jahre, also der Zeit, in der die Deutsche Bundesbahn ein reines Staatsunternehmen war, nicht sprechen. Es gab unterschiedlich schnelle Züge, die von einem Unternehmen betrieben wurden, sodass beispielsweise eine Schnellzuglokomotive umlaufbedingt auch vor einem „Bummelzug“ zu sehen war. Außerdem gab es keine Taktfahrpläne. Unterschiedliche Zuggattungen verkehrten über den Tag verteilt und bedienten oft auch Teilstrecken. Ein Blick in das Kursbuch von 1969 auf die Marschbahn (Strecke 112) macht das deutlich: An Werktagen finden wir Personenzüge (heute: Nahverkehrszüge), die zwischen Hamburg Hbf und Elmshorn, Hamburg-Altona und Heide, Itzehoe und Husum, Itzehoe und Westerland, Heide oder Husum und Niebüll, Niebüll und Westerland, um nur einige Varianten zu nennen, verkehrten. Eilzüge und D-Züge liefen hingegen von Hamburg bis Westerland durch. Auch die Anzahl der Züge zwischen zwei Orten war in der Regel deutlich geringer als heute. So verkehrten im Sommer 1969 beispielsweise zwischen der Eil- und Schnellzugstation Heide und dem überwiegend von Personenzügen angefahrenen Friedrichstadt von montags bis freitags nur zehn Züge pro Richtung, darunter zwei Eilzüge.

1991 änderte sich das komplette Angebot auf der Marschbahn. Alle zwei Stunden wurden „Super-Eilzüge“ eingeführt, die Hamburg und Heide ohne Zwischenhalt miteinander verbinden sollten. Sie dienten der Ergänzung des überschaubaren Intercity-Angebots auf der Strecke und sollten Fahrzeiten von etwa zweieinhalb Stunden nach Sylt garantieren. Bis Ende 2005 waren im Regionalverkehr recht interessante Zugkompositionen zu bestaunen, die allesamt von Loks der Baureihe 218 in Einfach- oder Mehrfachtraktion bespannt wurden. In der Regel bestanden die Züge aus den klassischen n-Wagen, die ihr Leben bei der DB als „Silberlinge“ begannen und später die Farbschemata mintgrün/lichtgrau und verkehrsrot/lichtgrau durchliefen. Aus ihnen wurde auch der Steuerwagen mit dem „Karlsruher Kopf“ entwickelt, der im Wendezugverkehr das Mittel der Wahl gewesen war. Ergänzt wurde der bunte Wagenpark durch D-Zug-Wagen – etwa des Typs Bm –, y-Wagen (ehemalige DR-Wagen Halberstädter Bauart mit Mitteleinstieg), Gepäckwagen, Halbgepäckwagen und sogar Doppelstockwagen. Dadurch entstanden sehr abwechslungsreiche Zugkompositionen. Besonders bemerkenswert waren etwa Einsätze geflügelter Züge, die man auf dem Weg nach oder von Westerland vereinigte und die Steuerwagen voraus mit einer oder zwei Dieselloks in der Zugmitte verkehrten, oder Lok-Wagenpark-Lok-Wagenpark-Kompositionen.

Zum Fahrplanwechsel am 11. Dezember 2005 übernahm die NOB den Betrieb und startete mit einem Konzept, das stündliche Züge mit nur wenigen Halten zwischen Hamburg-Altona und Husum vorsah. Neben modernen Dieselloks der Typen MaK DE 2700 (Baureihe 251) und DE 2000 „EuroRunner Typ 20“ (Baureihe 223) kamen neu entwickelte und klimatisierte Wagen der kanadischen Firma Bombardier zum Einsatz, die zunächst durch Halberstädter y-Wagen ergänzt wurden. Stündlich verkehrende Talent- und LINT-Dieseltriebwagen ergänzten das Angebot zwischen Itzehoe und Husum. Zu einem für Eisenbahnfreunde sehr interessanten regionalen Ersatzverkehr kam es Ende des Jahres 2016. Grund dafür waren Risse in den Kupplungen der modernen „Married-Pair-Nahverkehrswagen“, die am 11. November 2016 zur kurzfristigen Abstellung des gesamten Wagenparks des RE 6 führten. Ein umfangreiches Ersatzkonzept mit sehr bunten und übervollen Zügen, Schienenersatzverkehr und Ausfälle waren die Folgen. Erst rund ein Jahr später standen alle 90 Waggons des französischen Herstellers Faively wieder zur Verfügung.

Im Zuge des Fahrplanwechsels am 11. Dezember 2016 wurde die Betriebsführung von der NOB auf das DB-Regio-Unternehmen RBSH übertragen und der Betrieb mit dem vorhandenen Wagenpark weitergeführt. Dieser sowie 15 neue und von der Paribus-DIF Netz-West-Lokomotiven GmbH & Co. KG im Auftrag der LVS beschaffte vierachsige Dieselloks des Typs TRAXX ME (DB Baureihe 245) wurden dem neuen Betreiber DB Regio/NAH.SH im Leasingverfahren zur Verfügung gestellt. Mit den modernen Dieselloks konnte die DB auf die bis dato angemieteten und eingesetzten Loks der Baureihen 223 und 251 aus den Lokpools von MRCE, Ascendos und Vossloh verzichten.

Die Züge des RE 6 verkehren heute zwischen Hamburg-Altona und Westerland ohne Halt zwischen Itzehoe und Heide. Auf diesem Streckenabschnitt hält dafür die RB 62 der DB, die extra zwischen Itzehoe und Heide eingerichtet worden ist und Dieseltriebwagen der Baureihe 622 einsetzt. Wenige zusätzliche Verbindungen des RE 60 führen direkt über Hamburg-Dammtor zum Hamburger Hbf. Seit Ende Juni 2019 können auf der Marschbahn längere Regionalzüge mit zwölf statt bisher zehn Waggons eingesetzt werden, was die Anzahl der Sitzplätze von 820 auf 1.000 pro Zug steigerte. Dazu mussten die Bahnsteige in Bredstedt, Langenhorn, Klanxbüll, Keitum und Morsum verlängert werden.

Die Nordbahn ist eine Tochtergesellschaft der BeNEX GmbH und der AKN Eisenbahn GmbH und verstärkt den hamburgischen Bezirksverkehr mit ihren modernen Elektrotriebzügen Stadler Flirt 3 der RB 61 die Relation Hamburg Hbf–Pinneberg–Elmshorn–Glückstadt–Itzehoe und bietet den Bewohnern entlang der Strecke einen direkten Anschluss an die Hamburger City. In einer Machbarkeitsstudie wird derzeit die Verlängerung der RB 61 über Wilster bis nach Brunsbüttel geprüft. Voraussetzung dafür ist vor allem die Elektrifizierung der Strecke von Itzehoe über Wilster nach Brunsbüttel. Zudem verdichtet die Nordbahn zu Hauptverkehrszeiten den Takt des RE 6 auf der Relation Hamburg-Altona–Pinneberg–Elmshorn–Itzehoe/Wrist mit dem Flügelzug-Ergänzungsangebot der RB 71, auf der ebenfalls moderne Fahrzeuge derselben Bauart eingesetzt werden. Die Züge werden dabei in Elmshorn getrennt und verkehren anschließend weiter nach Itzehoe und Wrist. In Heide besteht für Reisende auf der Marschbahn Anschluss an Coradia-LINT-Dieseltriebwagen der RB 63 der Nordbahn, die Neumünster mit Büsum verbinden und ab Frühjahr 2023 sukzessive gegen hochmoderne Flirt-Akkutriebwagen ausgetauscht werden sollen, die von der Firma Paribus geleast und im Einheitsdesign des Auftraggebers NAH.SH lackiert werden sollen. Diese Fahrzeuge sollen dann auch auf den weiteren Strecken des Akkunetzes Nord (Husum–Kiel, Husum–Bad St. Peter-Ording und Kiel–Flensburg) eingesetzt werden.

Am 28. August 1993 kann der Fotograf bei Weddingstedt einen typischen Nahverkehrszug (RB 5759) der 1980er-Jahre ablichten: 218 334 in ozeanblau-elfenbeinfarbener Lackierung zieht vier „Silberlinge" inklusive eines Steuerwagens mit „Karlsruher Kopf", der auf der zu steuernden Seite dieselbe Farbgebung wie die Lok aufweist.

Dass Lokomotiven inmitten eines Zuges eingesetzt werden, sieht man in der heutigen Zeit in Deutschland eher selten. Auf der Marschbahn ist das ein vertrautes Bild. Hier verkehrt 251 010 der NOB mit sechs Waggons auf der einen und vier Waggons auf der anderen Seite auf der Insel Sylt in Richtung Festland. Bis 1995 hatte man 218er in Regionalzügen auch öfter in der Zugmitte eingesetzt oder zwei Züge zusammengekuppelt fahren lassen, um möglichst wenig Trassen zu nutzen.

Nach der Bahnreform am 1. Juli 1994 waren auf der Marschbahn viele bunte Züge zu sehen. Hier befördert eine orientrote 218 einen Regionalexpress, bestehend aus einem Halbgepäckwagen, einem „Mintling" (n-Wagen der DB), einem Doppelstockwagen ostdeutscher Bauart, einem z-Wagen der DR sowie einem Abteilwagen der Gattung Bm der DB nahe Posten 131.

Die drei Dieseltriebwagen 628 502, 501 und 512 helfen am 13. November 2020 als RE 6 aus und kommen pro Umlauf von Westerland nach Hamburg-Altona und wieder zurück auf beachtliche 474 Kilometer.

Westfrankenbahn

Im Jahr 2021 kamen nach rund 16 Jahren Abstinenz 218-bespannte Regionalexpresszüge auf die Marschbahn zurück – wenn auch nur selten. Am 1. September 2021 erreicht 218 460 „Conny" der Westfrankenbahn mit ihren DB-Gebrauchtzug-Doppelstockwagen Sylt.

Am 30. Januar 2021 zeigt sich die Marschbahn winterlich mit Schnee, Frost und Sonne. 245 207 hat mit ihrem RE aus Hamburg-Altona Meldorf ohne Halt durchfahren und erreicht in wenigen Minuten die Kreisstadt Heide.

So sieht Nahverkehr heute aus: Am späten Abend des 8. August 2021 wartet der aus sechs modernen Doppelstockwagen und der viermotorigen Baureihe 245 gebildete RE 6 in Westerland auf Gleis 2 auf seine Abfahrt. Der Zug wird nur noch bis Husum fahren.

Als es auf der Marschbahn noch dampfte

Im Jahr 1937 entschloss sich die damalige Deutsche Reichsbahn, den Bau von Schnellzuglokomotiven der Baureihen 01 und 03 einzustellen. Für das neu aufgebaute Netz schneller Reisezüge wurden leistungsstärkere Lokomotiven benötigt. Deshalb lieferte Schwarzkopff in Berlin zwischen 1939 und 1940 insgesamt 55 stromlinienverkleidete Schnellzuglokomotiven der Baureihe 01.10 mit Drillingstriebwerk. Nach dem Ende des Zweiten Weltkrieges befanden sich sämtliche Maschinen auf dem Gebiet der Deutschen Bundesbahn zumeist in desolatem Zustand. Im Rahmen einer Aufarbeitung wurde die Stromlinienverkleidung von Lokomotiven und Schlepptendern vollständig entfernt, und es wurden Windleitbleche der sogenannten Bauart Witte montiert. Da die Kessel sehr schnell Verschleißspuren aufwiesen, wurden sie zwischen 1953 und 1957 durch von Henschel & Sohn hergestellte Hochleistungskessel ersetzt. Wenige Jahre später wurden dann 34 Lokomotiven auf Ölhauptfeuerung umgebaut, was gerade auf langen Strecken zu einer konstanteren Leistung führte. Doch auch die Kohleloks blieben bis zum Anfang der 1970er-Jahre im Einsatz. Jahrelang wurden die Maschinen von den Betriebswerken Bebra und Kassel aus eingesetzt, von wo sie Züge bis Hamburg, Frankfurt oder Hagen und Köln beförderten. 1967 wurden einige Maschinen nach Hamburg-Altona umbeheimatet, das neben Osnabrück zur wichtigsten Einsatzstelle der leistungsfähigen Maschinen geworden war.

Nachdem die Deutsche Bundesbahn sehr viele Strecken von Dampf- auf Dieseltraktion umgestellt hatte, um insbesondere im Jahr der Olympischen Sommerspiele ein modernes und fortschrittliches Bild abzugeben, blieb die Marschbahn von Hamburg nach Westerland Paradestrecke der 012er. Ihre volle Leistung war notwendig, um bis zu 15 Schnellzugwagen mit bis zu 135 km/h befördern zu können, wobei insbesondere die langen Rampen zur Hochbrücke Hochdonn alles von den Pazifik-Maschinen abverlangten. Der Umlaufplan sah lediglich drei Maschinen vor, die die Beförderung von drei Schnellzugpaaren und einem Eilzugpaar zwischen Hamburg und Westerland sowie einer morgendlichen Leistung von Hamburg nach Neumünster übernehmen sollten. Für Saison-Schnellzugpaare benötigte man im Sommer 1972 weitere vier 012er, die mittwochs die Urlauberzüge bespannten. Insgesamt verfügte das Bw Hamburg-Altona noch über neun Schnellzug-Dampfloks der Reihe 012 (001, 061, 071, 077, 081, 082, 102, 103 und 105).

Beispiele für Umläufe der Baureihe 012 des Bw Hamburg-Altona mit Fahrzeiten:

Zugnummer	Startbahnhof	Abfahrt	Zielbahnhof	Ankunft	Bemerkungen
D 675	Westerland	11.55 Uhr	Hamburg Hbf	14.39 Uhr	werktags
E 1570	Hamburg-Altona	18.37 Uhr	Westerland	22.07 Uhr	Nur Sa im Sommer mit Schlusslok 012
P 13431	Hamburg-Sternschanze	13.33 Uhr	Westerland	16.32 Uhr	nur Mi im Sommer

Nach dem letzten Einsatztag der Baureihe 012 auf der Marschbahn am 30. September 1972 gelangten die letzten Hamburger 012 nach Rheine, wo sie bis Ende Mai 1975 vorwiegend vor Eil- und Personenzügen aber auch vor einigen Schnellzügen eingesetzt wurden.

Im Jahr 1969 gab es keine Einsätze der Hamburger Ölloks der Baureihe 012 auf der „Rollbahn" nach Osnabrück. 012 075 ist im Betriebswerk Altona für ihren Dienst auf der Marschbahn vorbereitet worden. Im Hintergrund sehen wir den großen Wasserspeicher des Werks.

Zum Bahnjubiläum 1985 hatte die DB ihr Dampflokverbot aufgehoben und wieder Dampfloks für Sonderzüge in Betrieb genommen. 01 1100, die zur Dampflokzeit auch in Hamburg-Altona beheimatet war, gibt am 12. Juni 1988 bei Krempe authentisch die Atmosphäre dieser Zeit wieder.

Als 03 287 am 24. August 1967 den Husumer Bahnhof verlässt, ist sie erst seit kurzer Zeit beim Betriebswerk Altona. Vorher hatte sie jahrelang von Rheine aus Züge im Emsland befördert.

Am 7. Juli 1972 ist 012 061 auf der Marschbahn im Einsatz. Wir sehen sie bei der Ausfahrt aus der alten Halle des Husumer Bahnhofs.

Bereits ausgemustert – wie uns die Aufschrift auf der Lok verrät – steht 03 066 am 24. August 1967 im Bw Husum Nord abgestellt.

Am 25. August 1972 wartet 012 061 mit einem Schnellzug auf freie Ausfahrt in Westerland.

220 035 und 01 1081 beschleunigen mit vereinten Kräften ihren langen Reisezug bei der Ausfahrt in Niebüll.

Dampflok 35 1097 ist nun wirklich keine typische Marschbahnlok. Doch dank der Wiedervereinigung kommt die Neubaulok der DDR-Reichsbahn am 19. Oktober 2019 mit einem Sonderzug des Vereins IG Schienenverkehr Ostfriesland nach Sylt auf die Strecke.

4

Güterverkehr und Autozüge

Neben einer Vielzahl von Personenzügen im Nah- und Fernverkehr findet auf der Marschbahn auch Güter- und Autozugverkehr statt. In diesem Kapitel geht es um den Hotspot Hemmingstedt mit seiner Raffinerie, die beiden Autozüge Sylt Shuttle der DB und den Autozug Sylt von RDC Deutschland sowie den lokalen Güterverkehr zwischen Niebüll und Westerland, der zukünftig wieder stärker belebt werden soll. Dabei kommen auch interessante Lokomotiven zum Einsatz, die wir Ihnen in diesem und im darauffolgenden Kapitel gerne vorstellen möchten.

Verschiedene Zugtypen auf einem Bild vereint: Eine 218-Doppeltraktion zieht am 6. Juni 2015 einen vollbeladenen Sylt Shuttle aus dem Westerländer Bahnhof, während auf den Abstellgleisen ein IC der DB und ein RE der NOB auf ihre nächsten Einsätze warten. Zu diesem Zeitpunkt laufen in den Autozügen noch die Halbgepäckwagen BDms 273 als Begleitwagen mit. Heute ist dies durch den am Ende laufenden VT 628 als Sylt Shuttle plus aufgrund des Überschreitens der maximalen Zuglänge nicht mehr möglich.

Regelmäßiger Verkehr zur Raffinerie Hemmingstedt

Kurz vor Heide liegt das Örtchen Hemmingstedt, das noch nicht einmal 3.000 Einwohner zählt. Trotzdem ist der Name der Stadt ein Begriff für Eisenbahnfreunde. Denn die Raffinerie Heide GmbH, ein deutsches Erölraffinerie-Unternehmen, hat außer in Brunsbüttel hier ihren Standort, der regelmäßig mit der Bahn bedient wird.

Die Raffinerie selbst befindet sich in Hemmingstedt, ist auf Mitteldestillat und Petrochemie ausgerichtet und stellt als Hauptprodukte Dieselkraftstoff, Heizöl, Flugturbinentreibstoff und chemische Produkte her, die hauptsächlich im nördlichen Teil Deutschlands vertrieben werden. Die beiden Standorte Hemmingstedt und Brunsbüttel sind mit drei jeweils etwa 32 Kilometer langen Pipelines verbunden, in denen das Rohöl vom Hafen in Brunsbüttel zur Raffinerie und die Fertigprodukte parallel in die entgegengesetzte Richtung zu den Tanklagern transportiert werden.

Der Transport von den von der Raffinerie erzeugten Produkten gestaltet sich wie folgt:

- 59 % per Schiff
- 33 % per Tankwagen
- 6 % per Eisenbahn
- 2 % per Pipeline

In Brunsbüttel befindet sich ein etwa 53 Hektar großes Tanklager-Areal, das Teil des Chemcoastparks ist, über den wir in dem Buch „Die Marschbahn – Auf Kursbuchstrecke 130 unterwegs zwischen Altona und Sylt“ ausführlich berichtet haben.

Im Jahr 2021 ist eine Machbarkeitsstudie des Landes Schleswig-Holstein über die Nahverkehrsverbund Schleswig-Holstein GmbH erstellt worden, die den Ausbau und die Elektrifizierung der Bahnstrecke von Itzehoe über Wister nach Brunsbüttel zum Chemcoastpark bewertet. Man verspricht sich davon eine deutliche Zunahme der Verladungen im Brunsbütteler Hafen und die Verdopplung der Güterzugfahrten auf 32 bis 36 Ganzzugfahrten pro Werktag. Angedacht ist dabei ein neuer, viergleisiger Trennungsbahnhof in Landscheide. Alternativ sei auch der Einsatz von Last-Mile-Lokomotiven denkbar, die im Dieselmodus die letzten Meter der Strecke ohne Fahrdraht in den einzelnen Anschlüssen bewältigen könnten. Der Seehafen in Brunsbüttel ist der bedeutendste Nordseehafen in Schleswig-Holstein und verfügt über einen trimodalen Terminalanschluss, über den Güter zwischen der Straße, der Schiene und dem Wasser umgeschlagen werden können.

Auf der Strecke nach Brunsbüttel sowie zur Raffinerie in Hemmingstedt kommen aktuell schwere dieselhydraulische Rangierlokomotiven vom Typ Voith Gravita der Baureihe 261 (nicht zu verwechseln mit der ehemaligen DB-Baureihe V 60) zum Einsatz.

Gleich vier Züge auf einem Bild: während 360 368, 218 120 und 257 am 20. Juli 1995 in Hemmingstedt mit ihren Güterzügen warten müssen, passiert 218 460 mit ihrem Personenzug.

Rangierlok 365 714 mit einer Übergabe am 5. August 1997 in Hemmingstedt.

Viele Jahre gab es nur privaten Güterverkehr nördlich von Hemmingstedt. Im Jahr 2021 fährt die DB wieder zwei Mal pro Woche Niebüll an. Am 30. März 2021 kommt 261 092 mit EZK 53 526 in Hemmingstedt an, um nach etwas Rangiertätigkeit weiter nach Itzehoe zu fahren. Ihre „Schwester" 038 kümmert sich in der Zeit um Nachschub für die Raffinerie.

Auch Dieselloks aus sowjetischer Produktion, sogenannte Ludmillas, kommen seit einigen Jahren immer wieder auf die Marschbahn. 132 293 (DB-Baureihe 232) hat mit ihrem Biosprit-Zug für die Raffinerie Hemmingstedt am 2. Juli 2019 ihr Ziel erreicht und fährt sofort als Leerzug zurück nach Itzehoe, um den zweiten Zugteil zu holen.

DB-Diesellok 261 098 (eine Voith Gravita 10 BB) rangiert am 8. Juni 2020 im Sasol-Werk Brunsbüttel.

Die neue Hybridlok „EuroDual" 159 202 bringt am 2. Juni 2020 einen mächtigen Kohlezug mit 40 Wagen durch Landscheide in den Elbehafen Brunsbüttel zum Beladen. Anschließend fährt der Zug in das Kraftwerk Neumünster. Die Lok verfügt im elektrischen Modus über 6.150 Kilowatt (8.364 PS) Leistung und im Dieselmodus über 2.800 (3.808 PS). Der Dieselmotor kann als Booster beim E-Betrieb – zumindest im Gleichstrombetrieb – zugeschaltet werden.

Im Auto auf Schienen nach Sylt

Sylt ist heute die beliebteste Nordseeinsel der Deutschen und eines der bevorzugten Reise- und Erholungsziele bundesweit. Doch wie kommt man auf die Insel, die jeder kennt? Von Flughäfen in München, Düsseldorf, Frankfurt am Main und Zürich kann man zum Beispiel auf die Insel fliegen. Doch mehr Urlauber und Tagesgäste benutzen die zahlreichen Fern- oder Nahverkehrszüge auf die Insel. Die meisten Gäste reisen allerdings mit dem PKW an. Da Sylt nicht auf direktem Wege über die Straße zu erreichen ist, machen einige Autofahrer einen Umweg über Rømø, der südlichsten dänischen Wattenmeerinsel. Von dort aus gibt es mehrmals täglich eine direkte Fährverbindung mit der Rømø-Sylt-Linie nach List. Deutlich spannender ist allerdings die rund 35-minütige Überfahrt mit dem Autozug. Während die DB das Geschäft jahrzehntelang als Monopolist betrieb, gibt es heute zwei Anbieter: den Sylt Shuttle der Deutschen Bahn und den Autozug Sylt von Mitbewerber RDC Deutschland.

Die Deutsche Bahn betreibt schon seit jeher den lukrativen Autozugverkehr über den Hindenburgdamm. Sie ist auch Eigentümerin des Grundstücks, auf dem der Hindenburgdamm errichtet wurde, der – gut für die Bahn! – nur mit Schienen bebaut ist, nicht jedoch mit einer Straße. Der Sylt Shuttle der DB gehört heute zur DB Fernverkehr AG. Die zahlreichen Fahrzeuge werden auf eigens konstruierten und umgebauten Wagen – den sogenannten Westerland-Einheiten – verladen. Seit dem Jahr 2001 kommen neben den doppelstöckigen Einheiten des Typs Leks/Laeeks, die seit 1989 fahren, auch wieder Flachwagen für den Transport von LKW, Bussen und Motorrädern zum Einsatz. Neue Terminalanlagen in Niebüll aus dem Jahr 2003 und in Westerland aus dem Jahr 2011 führen zu einem modernen Erscheinungsbild, einer hohen Kapazität und einer schnellen Verladung.

Mitbewerber der DB ist RDC Deutschland, eine Tochter der amerikanischen Railroad Development Corporation (RDC) mit Sitz in Pittsburgh, der seinen Autozugbetrieb am 18. Oktober 2016 unter dem Markenname Autozug Sylt aufnahm. Dazu hat das Unternehmen extra die Tochtergesellschaft RDC Autozug Sylt GmbH gegründet. Der Betrieb erfolgt mit Flachwagen der Bauarten Res und Sps, neuartigen Rampenwagen, die eine Beladung mit größeren PKW über die obere Laderampe ermöglichen. Hinzu kommen 36 neue, bei European Rail Rent angemietete Transportwagen vom Typ Snps des bulgarischen Herstellers Traktsia, die vor Ort in der Werkstatt der NEG für den Einsatz ausgerüstet worden sind. Mit diesen Wagen ist die Beförderung von LKW und Reisebussen möglich. Nach Streitigkeiten darf das Unternehmen die Verladerampen in Niebüll und Westerland mitnutzen. Der Rahmenvertrag zwischen der DB Netz AG, die die Trassen vergibt, und RDC Deutschland läuft zunächst für zehn Jahre bis 2026.

Bespannt werden die DB-Autozüge seit vielen Jahren von Dieselloks der Baureihe 218, die in der Regel wegen starker Winde und des hohen Luftwiderstandes der Autozugwagen mit zwei Maschinen in Doppeltraktion verkehren. Seit Ende 2015 werden die zuverlässigen, aber auch lauten und dreckigen Maschinen durch sieben neue, viermotorige Flüsterloks der Baureihe 245 (021-027) ersetzt, die aufgrund ihres Einzelachsantriebs in der Lage sind, bessere Zug- und Beschleunigungswerte zu erzielen, und daher einzeln eingesetzt werden können.

218 311 und 362 fahren in die Ausweichstelle Lehnshallig ein. Das Vorsignal verrät, dass noch eine Zugkreuzung abgewartet werden muss. Der Zug ist vollständig mit Weihnachtsurlaubern belegt und hat am 2. Januar 2015 noch den typischen Motorradwagen der Gattung BDms 273, in dem auch Fahrräder transportiert worden sind, mit dabei.

Der „blaue Autozug", wie er im Volksmund auch öfter genannt wird, wurde zunächst von den auf der Marschbahn durch die Bespannung der Züge der NOB bekannten Dieselloks 251 002 und 003 (MaK DE 2700/Siemens ME 26) befördert. Seit Dezember 2017 setzt RDC die hochmodernen Dieselloks 247 908 „Debbie" und 009 „Anne" (Siemens Vectron DE) ein, die durch eine gelungene Lackierung optische Highlights auf der Strecke darstellen. Die beiden älteren 251er werden noch als Reserve für den Autozug Sylt vorgehalten und kommen auch vor dem Alpen-Sylt-Nachtexpress zum Einsatz. Eine dritte Lok (251 007, ex Hector Rail 861.004) ist nach erfolgreicher Hauptuntersuchung seit Anfang 2022 für RDC im Einsatz.

Seit dem 18. Oktober 2016 gibt es das umstrittene Angebot Sylt Shuttle plus (SSP), das Reisenden ohne Kraftfahrzeug zur Verfügung steht. Ein Triebwagen der Baureihe 628.4/5 wird dazu in der Relation Niebüll–Westerland an die planmäßigen DB-Autozüge angehängt. Zwischen Hamburg-Altona und Niebüll, Husum und Niebüll oder Bredstedt und Niebüll verkehren die Triebwagen dann als D-Zug (!) allein. Diese besondere Konstellation ist einem Streit um die Trassen zwischen DB und RDC geschuldet. Die DB wollte möglichst viele Zeiten für sich reservieren und setzte sich mit der kreativen Idee Sylt Shuttle plus in etlichen Fahrplanlagen durch. Das liegt daran, dass vergaberechtlich letzten Endes der Anbieter für eine Trasse den Zugschlag von DB Netz erhält, der einen längeren Fahrweg hat und mithin das höhere Trassenentgelt entrichtet. Weil die Dieseltriebwagen in Niebüll an die dort startenden und endenden Autozüge an- bzw. von diesen abgekoppelt werden und alleine weiterfahren, wird fiktiv davon ausgegangen, dass der Laufweg des gesamten Autozuges über Niebüll hinausgeht und damit länger ist als der des Mitbewerbers RDC. In den Triebwagen selbst, die über eine besondere und ansprechende Lackierung verfügen und alle Namen von Orten auf Sylt tragen, stehen bis zu 150 Sitzplätze und zwölf Fahrradplätze zur Verfügung.

Im Sommer 2003 kaufte DB Autozug insgesamt 18 Lokomotiven der Baureihe 215 von DB Regio, ließ 14 Stück zur Baureihe 225 umbauen und bezeichnete sie als Baureihe 215.9. Die übrigen vier Lokomotiven dienten als Ersatzteilspender. Die Loks kamen dann bis 2008 vor dem Sylt Shuttle zum Einsatz, bis immer mehr 218er für diese Aufgabe zur Verfügung standen. Hier sehen wir 215 909 und eine Schwestermaschine am 27. Mai 2005 in Klanxbüll.

Am 29. Mai 2014 passiert ein Intercity auf dem Weg nach Hamburg die Autoverladeanlage in Niebüll. Über die Straße vorne im Bild fahren die Autos, die die Autozüge, die von Sylt kommen, eben verlassen haben. Weiter hinten im Bild sind rechts die Wartespuren für die Autozüge nach Westerland zu sehen.

Sylt liegt noch etwas im Nebel, während die Sicht auf dem Hindenburgdamm schon etwas besser ist, als 251 002 mit ihrem Autozug am 21. September 2020 auf dem Weg nach Niebüll ist.

Vor der „Skyline" der Westerländer City machen sich 218 390 und 837 mit AS 1423 am 16. April 2021 auf den Weg nach Niebüll. Auf dem Bild sind die zahlreichen Abstellgleise im Vorfeld des Bahnhofs gut zu erkennen. Rechts zweigt in einem engen Radius der kurze Anschluss zum Kaufhaus Stolz ab, der an einer Laderampe endet und nicht mehr bedient wird.

Für das Konzept Sylt Shuttle plus wurden im Sommer/Herbst 2015 im Instandhaltungswerk Kassel die elf Dieseltriebwagen 628 495, 501, 502, 503, 507, 509, 512, 521, 532, 535 und 540 umgebaut. Eingesetzt werden die Züge am Ende der Autozüge sowie im D-Zug-Dienst zwischen Bredstedt/Niebüll und Westerland sowie als Ersatzgarnituren auf der RE-Linie 6 zwischen Hamburg-Altona und Westerland.

In Niebüll sehen wir am 29. Juni 2019 beide Autozug-Anbieter nebeneinander. Während RDCs 247 908 gleich mit dem blauen Autozug gen Westerland fahren wird, stehen zwei Loks der Baureihe 218 von DB Fernverkehr mit einem Sylt Shuttle bereit, um als nächstes beladen zu werden.

Mit einem Sylt Shuttle ist 245 027 am 3. Mai 2021 zwischen der Ausweichstelle Lehnshallig und Niebüll unterwegs. Die Energiewende im Norden wird von den zahlreichen Windrädern im Hintergrund symbolisiert. Das knallige Gelb des Rapsfeldes ist zu dieser Zeit schon fast verblüht.

Güterverkehr zwischen Niebüll und Westerland

Vor allem im südlichen Abschnitt der Marschbahn um den Knoten Itzehoe ist der Güterverkehr beträchtlich. Von Brunsbüttel aus werden vor allem Chemikalien und Steinkohle in Richtung Hamburg, Kiel und Neumünster befördert. In Hemmingstedt, südlich von Heide, sorgt die dortige Erdölraffinerie für Güterverkehr. Über beides haben wir bereits am Anfang dieses Kapitels berichtet. Zudem wird ein Zementwerk in Lägerdorf bei Itzehoe regelmäßig per Bahn bedient.

Auf dem nördlichen Teil der Marschbahn verkehren Güterzüge von Niebüll nach Westerland. Betreiber war dort bis 2020 CFL Cargo Deutschland (ehemals NEG). Mit dem Fahrplanwechsel zum 13. Dezember 2020 hat RDC Autozug Sylt die Bedienung der Insel Sylt übernommen. Eingesetzt werden dabei eine Vossloh DE 12 (4125 005) für den Streckendienst sowie eine Lok der Baureihe V 60 (363 180) für Rangierarbeiten im Bahnhof Westerland. Seit dem 14. Dezember 2020 verkehren montags, mittwochs und freitags die Durchgangsgüterzüge DGS 95452 morgens um 4.06 Uhr ab Niebüll und DGS 95452 um 14.52 Uhr ab Westerland. European Rail Rent stellt dafür elf Niederbordwagen (Rens) und Schiebewandwagen (Sins) zur Verfügung, die neben der Diesellok DE 12 angemietet worden sind. Der Umschlag zwischen Straße und Schiene erfolgt dabei in Niebüll an der Ladestraße. In Westerland werden die Anschlussstellen vom Bahnhof aus mit der eigenen 363 180 bedient. In den Güterzügen werden auch Waggons mit Mineralölprodukten wie Kraftstoff und Heizöl eingestellt. Das Mineralöl aus der Raffinerie in Hemmingstedt ist dabei für die Diesellok-Tankstellen in Husum und Westerland bestimmt. Baustoffe werden über die Keitumer Landstraße zur Verladeanlage im Gewerbegebiet in Tinnum südlich des Flughafens rangiert. Die Weiterbeförderung der Güter ins Netz übernimmt DB Cargo. Dazu verkehren dienstags und donnerstags die Einzelwagenzüge EZK 53525 morgens um 7.10 Uhr ab Hemmingstedt und EZK 53526 um 9.25 Uhr ab Niebüll, die von Itzehoe kommen oder dorthin zurückfahren.

Nach der Kreuzung mit einem Regionalexpress in Lehnshallig, verlässt CFL Cargo 1510 am 7. August 2019 mit ihrem Güterzug die Ausweichstelle, um in wenigen Minuten am Ziel Niebüll anzukommen.

Am 24. September 2020 verlässt die von Vossloh gebaute Diesellok DE 12 (Loknummer 4125 008) mit ihren leeren Kesselwagen die Insel. Zum Zeitpunkt der Aufnahme war die Lok, die 1.200 kW (1.632 PS) leistet, an die NEG vermietet. Seit Oktober 2021 fährt sie für Nexrail AssetCo Sàrl aus Leudelange in Luxemburg.

Am 12. Februar 2021 fährt RDC-Diesellok 02 (251 002) mit dem RDC-Güterzug Westerland–Niebüll in Lehnshallig ein. Die Kesselwagen fahren am nächsten Tag weiter nach Hemmingstedt, alle anderen Wagen werden in Niebüll beladen.

In Niebüll sehen wir am 26. Februar 2021 Diesellok 4185 006, die zum Zeitpunkt der Aufnahme an die RDC Autozug Sylt GmbH vermietet war, vor einem Güterzug. Die Lok leistet 1.800 kW (2.448 PS) und gehört mittlerweile ebenfalls der Firma Nexrail AssetCo Sàrl aus Leudelange in Luxemburg.

Neben dem CFL-Güterzug nach Sylt gab es auch einen Dieselzug der DB, der direkt aus der Raffinerie Hemmingstedt Kesselwagen für Sylt abholte. Am 13. Oktober 2011 ist 218 362 für diese Aufgabe eingeteilt und erreicht gerade den Hindenburgdamm.

Am frühen Morgen des 1. Juni 2012 bringt die NEG-Diesellok DL 2, die ehemalige DB 211 233, eine kurze Übergabe vom Westerländer Bahnhof über die kurze Strecke zum Gewerbegebiet Tinnum südlich des Flughafens. Die Strecke kreuzt dabei die Keitumer Landstraße, über die man von Westerland aus Keitum, Archsum, Morsum und Munkmarsch erreichen kann.

5

Marschbahn-Diesselloks

In diesem Kapitel befassen wir uns mit den Groß-Diesellokomotiven, die auf der Marschbahn tagtäglich eingesetzt wurden und werden. Dabei ziehen wir vor allem den Vergleich zwischen der Baureihe 218 und den modernen Maschinen, die erst deutlich später gebaut worden sind. Im zweiten Teil würdigen wir die jahrzehntelangen Dienste der 218er auf der Marschbahn und erfreuen uns der unterschiedlichen Farbschemata der von anderen Gesellschaften angemieteten Loks, auf die auch heute noch nicht verzichtet wird.

Verschiedene Baureihen und Lackierungsvarianten auf einen Blick: 218 447, 245 022, 218 490 und 380 überqueren am 27. Juni 2021 als Lokzug die Nordermiele auf dem Weg nach Niebüll.

Moderne Dieselloks vor Personen- und Autozügen auf der Marschbahn im Profil

Während bis zum Jahr 2005 das Bild auf der Marschbahn – insbesondere im nördlichen Teil – nahezu ausschließlich von den Diesellok-Veteranen der Baureihe V 160 in unterschiedlichen Lackierungsvarianten geprägt war, ist der Lokomotiveinsatz heute deutlich vielseitiger und interessanter geworden. Nach über 40 Betriebsjahren kann die Deutsche Bahn zum Zeitpunkt des Erscheinens des Buches im Jahr 2022 immer noch nicht auf die betagten Dieselbrummer, die 218er, verzichten. Sie kommen regelmäßig vor den Intercity-Zügen sowie teilweise noch vor den Sylt Shuttles zum Einsatz, wobei sie in der Regel in Doppeltraktion verkehren.

Doch wenden wir uns zunächst einem ganz besonderen Loktyp zu – der MaK DE 1024 (Baureihe 240). Diese bärenstarke sechsachsige Diesellok verkehrte von Anfang bis Mitte der 1990er-Jahre im Norden und kam regelmäßig auch mit Fernreisezügen bis nach Westerland. Da die Deutsche Bundesbahn ab 1979 keine Streckendieselloks – die letzte war 218 499 – bestellt hatte, ließen Krupp, die Maschinenfabrik Kiel (MaK) und das Land Schleswig-Holstein 1989 auf Eigeninitiative drei Exemplare der Großdiesellok mit den Fabriknummern 30002 bis 30004 bauen, die ab April 1989 von der Deutschen Bundesbahn angemietet und zur Erprobung als Baureihe 240 in Dienst gestellt wurden. Ihr äußeres Erscheinungsbild war zu diesem Zeitpunkt aufgrund einer Lackierung in den Landesfarben von Schleswig-Holstein sehr attraktiv. Die drei Prototypen wurden im Bw Hamburg-Wilhelmsburg beheimatet und im Personenzugdienst im Nah- und Fernverkehr auf den Strecken von Hamburg nach Kiel, nach Lübeck, nach Westerland (Sylt) sowie nach Berlin eingesetzt, wobei sie ihre Kraft und Schnelligkeit – im IC-Verkehr betrug die Höchstgeschwindigkeit 160 km/h – ausspielen konnten. Man taufte sie daher auf die Namen „Kiel" (240 001-8), „Westerland" (240 002-6) und „Lübeck" (240 003-4).

Beispielhafte Einsatze der Baureihe 240:

Sommer 1990

- IC 572/573 „Deichgraf" von Basel nach Westerland und retour
- IC 630/631 „Theodor Storm" von Frankfurt nach Westerland und retour
- IC 730/731 „Poseidon" von Hamburg-Altona nach Westerland und retour
- IC 931 „Seemöwe" von Köln nach Westerland und retour

Im Sommer 1991

- IC 132/135 „Emil Nolde" von Berlin nach Westerland und retour
- IC 730/731 „Deichgraf" von Köln/Dortmund nach Westerland und retour
- IC 822/823 „Gorch Fock" von Regensburg nach Westerland und zurück nach Passau
- IC 826/827 „Theodor Storm" von Nürnberg nach Westerland und zurück nach Würzburg
- IC 933 „Seemöwe" von Köln nach Westerland und retour

Ein Ableger der MaK DE 1024 ist übrigens die Großdiesellok ME 26 von Siemens (MaK DE 2700, Baureihe 251), die ursprünglich für die Norwegische Staatsbahn (NSB) entwickelt worden war und die zusammen mit dem „Euro Runner“, der ebenfalls von Siemens gebaut wurde (ER 20/ER 20 F, Baureihe 223), ab 2005 für die NOB die Bespannung der Personenzüge auf der Marschbahn übernommen hatte.

Die 251er hatten mit den teilweise bis zu zehn Wagen langen Regionalzügen der NOB aufgrund ihrer gewaltigen Leistung von 3.604 PS und Anfahrzugkraft von 410 kN wenig Probleme und waren manchmal sogar in der Mitte eines Zuges eingereiht. Im Gegensatz zu den 223ern, die nur über vier anstatt sechs Achsen verfügen, sind die 251er aber lauter und dreckiger, da das Baujahr der Loks weiter zurückliegt und ein eigentlich für Schiffe entwickelter Dieselmotor von MaK seine Arbeit in der Lok versieht. Die „Flüsterdieselloks“ der Baureihe 223 sind mit einem 2.720 PS starken Dieselmotor von MTU ausgerüstet, der die seinerzeit schon recht hohen Abgasnormen erfüllt; zusätzlich ist das Lokgehäuse besser gedämmt. Während die 223 aktuell planmäßig nicht mehr auf der Marschbahn zum Einsatz kommen, nachdem die Deutsche Bahn im Jahr 2016 den Betrieb von der NOB wieder übernommen hat, hatte die DB die beiden Dieselloks 251 008 und 009 noch bis Anfang/Mitte 2020 für die Bespannung des RE 6/60 angemietet, bevor sie diese an Vossloh zurückgab. Die letzte Leistung erbrachte 251 009 dabei am 25. Juni 2020 vor dem RE 11009 von Westerland bis nach Hamburg-Altona. Drei Loks der Baureihe 251 werden heute noch als Reserve für die blauen Autozüge von RDC vorgehalten und kommen auch vor dem Alpen-Sylt-Nachexpress zum Einsatz.

Auf ein ganz anderes Motorenkonzept setzt die Baureihe 245. Seit dem Jahr 2012 werden die als Traxx P160 DE ME bezeichneten modernen Diesellokomotiven von Bombardier gebaut. Sie verfügen über vier kleinere Motoren (ME bedeutet insofern Multi Engine) vom Typ CAT C18 ACERT mit einer Leistung von jeweils 563 kW, was einer Gesamtleistung von 2.252 kW oder 3.064 PS entspricht. Durch das elektronisch gesteuerte Zu- und Abschalten einzelner Motoren im Betrieb soll Kraftstoff eingespart sowie eine gleichmäßige Abnutzung erreicht werden. In der Praxis konnte dabei gegenüber der Baureihe 218 eine Kraftstoffeinsparung von neun Prozent erreicht werden, was zugegebenermaßen nicht viel ist. Über 70 Prozent der Bauteile stammen aus dem bestehenden Traxx-Programm von Bombardier. Auch der Lokkasten ist aus der Traxx-Familie abgeleitet. Am 10. Juni 2014 bestellte DB Fernverkehr sieben Lokomotiven der Baureihe 245 (021 bis 027), die ab Ende 2015 die Baureihe 218 beim Einsatz für den Sylt Shuttle ablösen und eine unwirtschaftliche 218-Doppeltraktion ersetzen sollten. Aufgrund einer Vermietung an DB Regio, einer Umstationierung für die IC-Linie 50 nach Leipzig und anhaltender Probleme wird seit 2018 wieder vermehrt die Baureihe 218 eingesetzt. Zudem erwiesen sich die Lokomotiven aufgrund von Überhitzungen, Öllecks, verstopften Rußpartikelfiltern, Kühlwasserverlusten und Problemen mit den Isolierungen im Motorraum als äußerst unzuverlässig, sodass auf die 218er in absehbarer Zeit (noch) nicht verzichtet werden kann.

Ebenfalls in der 3.000-PS-Leistungsklasse wie die Baureihen 245 und 251 spielt die Diesellok vom Typ Siemens Vectron DE (Baureihe 247.9), die von RDC seit Dezember 2017 eingesetzt wird. Sie kommt unter Verwendung des Sechszehn-Zylinder-Motors MTU 16 V 4000 R84 auf eine Leistung von 3.264 PS. 247 908 „Debbie“ und 009 „Anne“ bespannen dabei den blauen Autozug und bieten mit ihrer attraktiven, blauen Autozug-Sylt-Lackierung mit weißem Lätzchen eine interessante Abwechslung auf der Marschbahn.

Glück für den Fotografen: am 26. März 2021 sind gleich vier Loks der Baureihe 218 in drei verschiedenen Lackierungsvarianten (orientrot, ozeanblau-elfenbein und verkehrsrot) für die Bespannung eines IC eingeteilt, um eine Leerfahrt zu vermeiden.

Nur eine Lok erfordert der recht leere Autozug der DB am 7. Juli 1985. Hier passiert er mit seiner Zuglok 218 174 gerade den Bahnhof Klanxbüll.

Mit einem Intercity steht der „weiße Riese" 240 001 mit dem Wappen der Stadt Kiel am 24. März 1993 auf Gleis 1 in Westerland zur Abfahrt bereit. Die bärenstarke und optisch sehr schöne Maschine wird den Zug gleich bis Hamburg-Altona bringen, wo ihn eine Ellok der Baureihe 103 übernimmt.

Am 14. Mai 2021 begegnen sich zwei Züge des RE 6 in Morsum. Die beiden Lokomotiven der Baureihe 245 weisen unterschiedliche Lackierungen (NAH.SH und DB) auf.

Am 15. August 2022 sind gleich zwei Maschinen der Baureihe 245 (024 und 025) mit ihren Biosprit-Aufklebern IC 2310 vorgespannt. Die modernen Flüsterloks übernehmen immer mehr Aufgaben von den 218ern.

Eine ungewöhnliche Fuhre: 245 027 ist am 3. März 2021 Triebzug 9206 (ICE 4) vorgespannt. Der ungewöhnliche Zug verkehrt hier auf dem elektrifizierten Abschnitt zwischen Krempe und Glückstadt als Versuchsfahrt zur Erprobung der neuesten Generation des Fahrgastinformationssystems (FIS).

Mit Fahrtrichtung Festland ist am 2. September 2015 eine Lok der Baureihe 251 (DE 2700) als „Sandwich“ mit sechs geschobenen und vier gezogenen Wagen als RE 6 zwischen Keitum und Morsum unterwegs.

Die moderne Vectron-Diesellok 247 908 „Debbie“ ist am 8. August 2021 mit dem blauen Autozug von RDC an der Nösse in Richtung Niebüll unterwegs. Gleich befährt sie den Hindenburgdamm.

Diesellokparade im Bahnbetriebswerk Hamburg-Altona: Zu sehen sind die MaK-Vorserienlok 240 002 im Vordergrund, eine Diesellok der Baureihe 229 daneben und zahlreiche Maschinen der Baureihe 218 am 25. Juni 1995.

Hector Rail 861.002 – die ehemalige DE 2700-08 der NOB – erreicht am 31. August 2020 mit DPF 28918 aus Niebüll den Bahnhof von Westerland. Die Hector Rail GmbH aus Bochum wurde 2015 gegründet und gehört zum schwedischen Konzern Hector Rail AB mit Sitz bei Stockholm. Links ist der Anschluss des Sylter Flugplatzes bzw. der Verladerampe in Tinnum zu sehen.

Vergleich und Gegenüberstellung der technischen Daten der Baureihe 218 zu denen der modernen Marschbahn-Dieselloks der Baureihen 223, 245, 247.9, 251 und 240:

	Baureihe 218	Baureihe 223	Baureihe 245	Baureihe 247.9	Baureihe 251	Baureihe 240
Hersteller Modell	Henschel, Krauss-Maffei, Krupp, MaK Siemens	Siemens ER 20/ER 20F „Euro-Runner"	Bombardier Traxx P160 DE ME	Siemens Vectron DE	MaK/Vossloh DE 2700 bzw. Siemens ME 26	MaK DE 1024
Anzahl gebauter Maschinen	12 Vorserienloks 398 Serienloks 1 Umbau-maschine (215 112) 411 gesamt 131 ER 20	131 ER 20 14 ER 20 F 181 gesamt	Wird aktuell noch gebaut	Wird aktuell noch gebaut	12	3
Baujahre	1968–1969 (Vorserienloks) 1971–1979 (Serienloks)	2002–2011	Seit 2012	Seit 2010	1997–1999	1989
Länge über Puffer	16,400 m	19,275 m	18,900 m	19,975 m	20,960 m	20,960 m
Dienstmasse	78,5-80,0 t	80 t	DB: 81 t Paribus: 83 t	83 t	122 t	117 t
Installierte Leistung und Dieselmotor	2.500 PS (MTU 12 V 956 TB 10) 2.700 PS (Pielstick 16 PA 4 V 200) 2.800 PS (MTU 12 V 956 TB 11) 2.720 PS (MTU 16 V 4000 R40/41) 2.800 PS (CAT 3516B HD)	2.720 PS (MTU 16 V 4000 R41)	4 x 766 PS = 3.064 PS (4 × Caterpillar C18 ACERT)	3.264 PS (MTU 16 V 4000 R 84	3.604 PS (MaK 12 M 282)	3.604 PS (MaK 12 M 282
Höchstge-schwindigkeit	140 km/h	140 km/h	160 km/h	160 km/h	160 km/h	160 km/h
Anfahrzugkraft	235 kN	235 kN	300 kN	300 kN	410 kN	400 kN
Achsfolge	Bo'Bo'	Bo'Bo'	Bo'Bo'	Bo'Bo'	Co'Co'	Co'Co'
Tankinhalt	3.200 l	2.800 l	DB: 2.700 l DB-Autozug: 4.230 l Paribus: 4.000 l	2.600 l	5.000 l	5.000 l

Am 22. Juni 2016 stehen noch die schönen Formsignale im Bahnhof von Keitum. Während 245 026 mit ihrem Sylt Shuttle in das Ausweichgleis einfährt, wartet eine weitere 245er mit ihrem Regionalexpress auf freie Ausfahrt in Richtung Festland.

Auf dem Weg nach Hamburg erreicht der von 223 014 geschobene RE am 9. Juni 2016 gleich Itzehoe.

Hier sehen wir eine 218-Doppeltrakion, die einen Intercity am Haken hat, am 27. April 2022 auf der Drehbrücke in Friedrichstadt. Auf dem Bild kann man sehr schön erkennen, wie sich das mittlere Brückenteil drehen lässt, wenn ein Schiff auf der Eider die Bahnstrecke passieren möchte.

Am 30. September 2018 passiert der Regionalexpress 6 mit einer modernen Diesellok der Baureihe 245 die markante Klappbrücke, die Schiffen den Weg in den Husumer Binnenhafen ermöglicht, sollte sie geöffnet sein.

Buntes auf der Marschbahn – Miet-218er im Einsatz

Seit dem Jahr 2021 kommen auf der Marschbahn zahlreiche Loks der Baureihe 218 zum Einsatz, die von anderen Unternehmen angemietet werden müssen, da die DB den Bedarf mit eigenen Maschinen nicht decken kann – etwa weil diese aus unterschiedlichen Gründen im Instandsetzungswerk Cottbus gewartet werden müssen. Das führt zu einem bunten Bild, kommen doch nicht nur verkehrsrote Loks vor Intercitys oder Sylt Shuttles zum Einsatz, sondern auch solche in den klassischen Farbschemata der Deutschen Bundesbahn der 1980er-Jahre ozeanblau-elfenbeinfarben und 1990er-Jahre orientrot, im frischen Blau sowie im knalligen Gelb.

Außer auf Loks von Railsystems RP (RSRP) greift DB Fernverkehr immer wieder auf 218er von PRESS zurück. So standen dem Werk Niebüll, das für den Triebfahrzeugeinsatz auf der Marschbahn verantwortlich ist, 2021 etwa die Mietloks 218 448, 454 und 458 (PRESS 054, 055 und 056, Lackierung: blau), 218 447, 480, 489 und 490 (RPRS, Lackierung: ozeanblau-elfenbein), 218 361 und 381 (RPRS, Lackierung: ozeanblau-elfenbeinfarben mit ozeanblauem Dach), 218 319 und 402 (RPRS, orientrot) zur Verfügung. Darüber hinaus konnten auch die Dieselloks 218 446 (ozeanblau-elfenbeinfarben) und 491 (verkehrsrot) der DB vom Werk Kempten, 218 495 und 499 der DB vom Werk Mühldorf (verkehrsrot), 218 467 der Mitteldeutschen Eisenbahn GmbH – kurz MEG – (verkehrsrot) sowie 218 460 von DB Gebrauchtzug (ozeanblau-elfenbeinfarben), 218 497 von DB Fahrzeuginstandhaltung – kurz FZI – („Märklin-/PIKO-Lackierung") und 218 449 von DB Gleisbau (gelb) beobachtet werden.

Das Werk Niebüll stellte zudem in der Sommersaison 2021 vier Loks der Baureihe 218 (307, 321, 322 und 390) für den Fernverkehrseinsatz zwischen Hamburg Hbf und Burg auf Fehmarn (Name des Bahnhofs seit 2010: Fehmarn-Burg), die die kurzen IC-Züge mit sechs Waggons als Wendezüge mit Steuerwagen befördert haben. 218 402 kam mit einer Doppelstock-Garnitur im Regionalverkehr zwischen Hamburg und Westerland zum Einsatz. Mitte 2021 hatte die angemietete Diesellok 246 011 (2015 umbezeichnet in 246 049) von PRESS diese Leistung übernommen. Im Jahr 2022 sind immer mehr Leistungen – insbesondere vor den Intercity-Zügen des Fernverkehrs – auf die Baureihe 245 übergegangen. Die eben schon erwähnte orientrote 218 402 von RPRS hatte zusammen mit der ozeanblau-elfenbeinfarbenen 218 330 der DB übrigens die Ehre, gemeinsam am 30. August 2022 den letzten regulären Intercity 2416/2415 auf der Vogelfluglinie von Hamburg Hbf nach Fehmarn-Burg und zurück befördern zu dürfen. Als Abschlusszusatzleistung pendelte der Zug als IC 2418/2417 dabei noch einmal zwischen Fehmarn-Burg und Puttgarden. Sascha Buckow, der viele großartige Bilder zu diesem Buch beigesteuert hat, fuhr den Abschlusszug auf der Rückfahrt von Puttgarden nach Hamburg Hbf. Nach knapp 60 Jahren ist die Vogelfluglinie damit (leider) Geschichte und bis zur geplanten Fertigstellung des Fehmarnbelttunnels im Jahr 2029, der Deutschland und Dänemark auf der Schiene und Straße direkt miteinander verbinden soll, wird es nach Fehmarn nur Schienenersatzverkehr geben.

IC-Züge mit 218-Doppeltraktion im Jahr 2022:

Zugnummer/ Zugname	Startbahnhof	Ab	Zielbahnhof	An	Verkehrt von/bis
IC 2074 „Uthlande"	Hamburg-Altona	10.23 Uhr	Westerland	13.37 Uhr	12. Dezember 2021 bis 10. Dezember 2022
IC 2075 „Uthlande"	Westerland	14.20 Uhr	Berlin-Lichtenberg	21.05 Uhr	12. Dezember 2021 bis 10. Dezember 2022
IC 2214	Köln Hbf	5.07 Uhr	Westerland	12.35 Uhr	2. April 2022 bis 1. November 2022
IC 2215	Westerland	13.23 Uhr	Frankfurt am Main Hbf	23.12 Uhr	12. Dezember 2021 bis 1. April 2022 und 2. November 2022 bis 10. Dezember 2022
IC 2310 „Nordfriesland"	Frankfurt am Main Hbf	6.43 Uhr	Westerland	16.35 Uhr	12. Dezember 2021 bis 10. Dezember 2022
IC 2311 „Nordfriesland"	Westerland	9.23 Uhr	Stuttgart Hbf	20.23 Uhr	12. Dezember 2021 bis 29. Juli 2022
IC 2311 „Nordfriesland"	Westerland	9.23 Uhr	Karlsruhe Hbf	20.16 Uhr	30. Juli 2022 bis 10. Dezember 2022
IC 2364 „Wattenmeer"	Hamburg-Altona	16.09 Uhr	Westerland	19.04 Uhr	11. Juni 2022 bis 22. September 2022
IC 2365 „Wattenmeer"	Westerland	10.53 Uhr	Hamburg-Altona	13.54 Uhr	11. Juni 2022 bis 22. September 2022
IC 2374 „Wattenmeer"	Karlsruhe Hbf	9.10 Uhr	Westerland	19.04 Uhr	12. Dezember 2021 bis 10. Juni 2022 und 23. September 2022 bis 10. Dezember 2022
IC 2375 „Wattenmeer"	Westerland	10.53 Uhr	Karlsruhe Hbf	20.54 Uhr	12. Dezember 2021 bis 10. Juni 2022 und 23. September 2022 bis 10. Dezember 2022

Anmerkung: Der Lokwechsel von Ellok 101 auf Diesellok 218 oder 245 in Einfach- oder Doppeltraktion bzw. zurück erfolgt jeweils in Itzehoe.

Doch widmen wir uns nun der Geschichte der Baureihe 218 auf der Marschbahn. Abgelöst wurden die Dampfloks der Reihen 01 und 03 von den zeitlosen Dieselloks, die oft in Doppeltraktion verkehrten, was unterschiedliche Gründe hatte. Zum einen benötigte man im Reisezugverkehr die zweite Maschine, um die elektrische Leistung zur Versorgung der Klimaanlagen und Heizungen bereitzustellen. Zum anderen bestand die wichtigste Aufgabe der zweiten Lok im Autozugverkehr darin, die notwendige Beschleunigung beim Anfahren mit den schweren Zügen sicherzustellen, da die Züge des Sylt Shuttle häufig an den Ausweichstellen warten und andere Züge passieren lassen müssen.

Doch machen wir einen Zeitsprung in die 1950er-Jahre: 1956 schloss die Deutsche Bundesbahn mit der Firma Krupp aus Essen einen Vertrag zur Entwicklung von universell einsetzbaren, einmotorigen Diesellokomotiven für den mittleren Streckendienst. Diese Lokgattung sollte als Baureihe V 160 bezeichnet werden. Zu diesem Zeitpunkt ahnte wohl niemand, dass aus dieser Idee eine ganze Lokfamilie entstehen sollte, die äußerlich kaum voneinander zu unterscheiden war.

1960 war es so weit, die erste Diesel-Mehrzwecklokomotive, die V 160 001, wurde von Krupp ausgeliefert. Abgesehen von den neun Prototypen der Baureihe V 160 001-009, die aufgrund ihrer runden Kopfform in Anspielung auf die Schauspielerin Gina Lollobrigida im Volksmund auch als „Lollos" bezeichnet wurden, sahen sich alle anderen Ableger ähnlich. Das Design darf dabei durchaus als „zeitlos" angesehen werden. V 160 010 wurde bereits im neuen – dem aktuellen – Design ausgeliefert. Diese zehn Vorserienmaschinen der Baureihe V 160 kamen alle zuerst zum Bw Hamburg-Altona, später zum Bw Lübeck. Der Einsatz erfolgte vor Wendezügen (zum Teil aus alten LBE-Doppelstockwagen) hauptsächlich auf der Strecke Hamburg–Lübeck, wo sie vor allem die Baureihen 38.10 und 78 ablösten. Sie kamen aber auch auf der Marschbahn zum Einsatz.

Bereits im Jahr 1966 standen der DB mehr als 100 Serienlokomotiven der Gattung V 160 zur Verfügung. Der Bedarf an Großdiesellokomotiven stieg stärker als erwartet an, sodass die DB sich 1968 vor die Wahl gestellt sah: entweder etliche Dampflokomotiven weiterhin hauptuntersuchen zu lassen oder aber weitere Diesellokomotiven zu beschaffen. Man entschied sich für letztere Möglichkeit, sodass elf Jahre später das letzte Exemplar der 808 Exemplare umfassenden V-160-Baureihe – 218 499 – ausgeliefert worden ist. Im Einzelnen leiteten sich folgende Baureihen aus den V 160ern ab: die Baureihen 210, 215, 216, 217, 218, 219, 225 und 226 sowie der sechsachsige Gigant – die doppelmotorige Baureihe 232, die nicht zu verwechseln ist mit der Reichsbahn-„Ludmilla" aus sowjetischer Produktion.

Die Baureihe 225 bzw. 215.9 ging aus der Reihe 215 hervor. Diese verfügte über Motoren mit einer Leistung zwischen 1.800 und 2.500 PS und eine Höchstgeschwindigkeit von 140 km/h. Bis zum Jahr 2008 waren diese Maschinen – in der Regel zusammen mit einer Lok der Baureihe 218 – für die DB Autozug GmbH, einer vollständigen Tochter der DB Fernverkehr, die mittlerweile aufgelöst worden ist, zwischen Niebüll und Westerland im Einsatz, bevor sie (wieder) vollständig von 218ern abgelöst wurden.

Mit Abstand am erfolgreichsten und aus dem Alltag der DB-Jahrzehnte immer noch nicht ganz wegzudenken, sind die Loks der Baureihe 218. Diese „Allround-Maschinen" werden hauptsächlich im Personenverkehr eingesetzt. Bis zum 21. Juni 1979 stellte die Deutsche Bundesbahn 398 Serienlokomotiven der Baureihe 218 in Dienst. Sie sind mit 2.500 bis 2.800 PS starken Motoren ausgerüstet und können im Vielfachverkehr (bis zu vier Maschinen) gemeinschaftlich von einem Lokführer bedient werden.

Zwei von RPRS angemietete Dieselloks der Baureihe 218 in der ozeanblau-elfenbeinfarbenen Lackierung bespannen am 2. September 2020 diesen vollbeladenen Autozug.

218 385 (DB Fernverkehr, verkehrsrot) und 218 449 (DB Bahnbau, gelb) haben wenig Mühe mit ihrem Sylt Shuttle.

RPRS 218 381 in ozeanblau-elfenbeinfarbener Lackierung mit ozeanblauem Dach sowie RPRS 218 319 in orientroter Lackierung bieten am 9. Juli 2021 in Klanxbüll eine schöne Abwechslung zum Verkehrsrot der DB.

218 467 der Mitteldeutschen Eisenbahn GmbH (MEG) hilft hier ebenfalls für DB Fernverkehr auf der Marschbahn aus. Am 8. Juli 2021 steht sie mit ihrem Intercity in Niebüll zur Abfahrt nach Westerland bereit.

Gemischtes Doppel: Am 15. Mai 2021 bespannen 218 489 der RPRS und 218 055 der PRESS (218 458) einen IC bei der Gemeinde Friedrich-Wilhelm-Lübke-Koog.

RPRS 218 469 „Betty Boom" zieht mit einer weiteren 218er der DB am 10. Juni 2020 einen IC durch Hemmingstedt. Das Stellwerk „Hf" wird seit der Umstellung auf ESTW nur noch als Wohnhaus genutzt. Die führende Lok ist verkehrsrot mit goldenen Zierstreifen lackiert. Auf der Seite sind Bilder über Technik und von Pin-up-Girl „Betty Boom" zu finden.

Mit fünf Doppelstockwagen steht RPRS 218 402 in orientroter Farbgebung mit weißem Lätzchen am 26. Mai 2021 als RE 6 in Altona zur Abfahrt nach Sylt bereit.

Die Menschen an der Küste haben Respekt vor Wind und Wetter, aber Angst haben sie vor dem Messzug! Zu oft hat eine kleine Langsamfahrstelle zwischen Niebüll und Westerland den Fahrplan komplett aus dem Ruder gebracht. Am 16. Mai 2018 hat 218 477 die „gelbe Gefahr" am Haken!

Bildnachweis

Sascha Buckow: S. 20, 30 unten, 36 unten, 48 oben, 63 unten, 71 oben, 90 oben, 94 unten, 107 unten, 109 unten, 117 unten, 118 oben; Manfred Diekenbrock: S. 35 unten, 106 unten; Sammlung Manfred Diekenbrock: S. 82 oben; Franz-Josef Dovern: S. 54 unten, 57 oben, 58 unten, 59 oben; Markus/Martin Duffner: S. 2, 17 unten, 59 unten, 86, 93 unten, 116 oben; Jörg Frevert: Einband vorne, S. 80 unten, 96/97, 108 unten; Kevin John Geider: S. 53; Dewey Hensema: S. 6 oben; Hans Peter Hölterhoff: S. 101 unten; Rolf Köstner: S. 34 oben, 64 oben, 76 oben; Uwe Kossebau: Vorsatz, S. 34 unten, 48 unten, 57 unten, 72 oben, 73 oben, 76 unten, 94 oben, 95 oben, 99, 109 oben, 111 unten; Daniel Michalsky: S. 63 oben, 108 oben; Sammlung Daniel Michalsky: S. 69; Andreas Melchert: S. 4, 16, 17 oben, 21, 24 oben, 27, 33, 35 oben, 40, 41 54 oben, 56, 58 oben, 64 unten, 72 unten, 73 unten, 76 oben, 77 unten, 78/79, 80 oben, 85 unten, 89, 90 unten, 92, 98, 100 oben, 101 oben, 102, 105 oben, 107 oben, 112, 118 unten, Nachsatz; Christoph Müller: S. 100 unten; Andreas Nator: S. 39, 65; Klaus Philippi: Einband hinten; Martin Priebs: S. 111 oben; Jan Rümmel: S. 117 oben; Detlef Schikorr: S. 6 unten, 45, 60/61, 70 unten, 83 oben, 84 oben, 85 oben, 95 unten; Jörn Schramm: S. 31, 46, 47, 77 oben, 88; Axel Spille: S. 42, 52 unten, 93 oben; Marc Steiner: S. 116 unten; Claus Wilhelm Tiedemann: S. 24 unten, 82 unten, 84 unten, 106 oben; Sammlung Claus Wilhelm Tiedemann: S. 25 unten; Oswald Tiedemann †: S. 25 oben, 121; Andreas Tscharn: S. 13 oben, 70 oben, 71 unten, 105 unten; Martin Welzel: S. 12, 13 unten, 36 oben, 83 unten; Paul Zimmer: S. 30 oben.

Literaturverzeichnis

Bücher

MANFRED DIEKENBROCK UND DANIEL MICHALSKY, *Die Marschbahn – Auf Kursbuchstrecke 130 unterwegs zwischen Altona und Sylt,* Sutton Verlag, Erfurt 2017.

HANS BOCK, *Die Marschbahn – Eine Fotochronik der Baugeschichte – von Altona nach Westerland*, Verlag Boyens und Co., Heide 1989.

FRANK DEPPE, *Die Rasende Emma – Geschichte(n) der Sylter Inselbahn*, 1. Auflage 2012.

OLAF HAMELAU, *Die Diesellok BR 218 – Unterwegs in Schleswig-Holstein*, Sutton Verlag, Erfurt 2012.

JAN KIRSCHNER, *Auf Schienen durch die Nordsee*, Schleswig-Holsteinischer Zeitungsverlag, 2. Auflage, Flensburg 2003.

JAN KIRSCHNER U. A., *Blumen pflücken während der Fahrt verboten – 125 Jahre Sylter Verkehrsgeschichte*, Edition Sven Paulsen, Westerland 2013.

ERICH STAISCH (HRSG.), *Der Zug nach Norden – 150 Jahre Eisenbahnverkehr in Schleswig-Holstein*, Hamburg, 1994.

Hans Jürgen Stöver, *Die kleine Sylt Serie, Sylter Inselbahn I bis IV*, Syltbild Stöver (Eigenverlag), Wenningstedt 1989 und 1991.
Rolf Stumpf, *Die Eisenbahn nach Sylt*, EK-Verlag, Regionale Verkehrsgeschichte Band 38, Karlsruhe 2003.
Georg Wagner, *Die Deutsche Bundesbahn*, Weltbild Verlag GmbH, Augsburg 1990.

Zeitschriften

Eisenbahn Journal, Ausgabe 7/2013.
Eisenbahn Kurier-Special „Die DB 1972, Der Abschied der 012 aus Hamburg", „Die Baureihe 218" und „V 160-Familie".
Eisenbahn Kurier aus September 2016, aus Februar 2017, aus Mai 2017, aus Februar 2021, aus März 2021, aus April 2021, aus September 2021, aus Oktober 2021, aus November 2021, aus Dezember 2021, aus Januar 2022, aus Februar 2022, März 2022, April 2022, aus Juli 2022, August 2022, aus September 2022.
Bahn Extra Heft 4 aus Juli/August 2010.

Am 5. August 1962 erreicht ein vollbeladener Autozug die Insel Sylt. Zuglok ist eine Güterzug-Dampflok der Baureihe 50 mit Kabinentender.